读牌例 长牌技

舒邦思 徐清 著

人民体育出版社

图书在版编目（CIP）数据

读牌例 长牌技 / 舒邦思, 徐清著. —北京：人民体育出版社, 2019
ISBN 978-7-5009-5552-8

Ⅰ.①读… Ⅱ.①舒…②徐… Ⅲ.①桥牌—基本知识 Ⅳ.①G892.1

中国版本图书馆 CIP 数据核字（2019）第070440号

*

人 民 体 育 出 版 社 出 版 发 行
三河紫恒印装有限公司印刷公司印刷
新 华 书 店 经 销

*

850×1168　32开本　7.5印张　186千字
2019年11月第1版　2019年11月第1次印刷
印数：1—4,000册

*

ISBN 978-7-5009-5552-8
定价：35.00元

社址：北京市东城区体育馆路8号（天坛公园东门）
电话：67151482（发行部）　　　邮编：100061
传真：67151483　　　　　　　　邮购：67118491
网址：http://www.sportspublish.cn
（购买本社图书，如遇有缺损页可与邮购部联系）

前　言

年轻时，我爱好桥牌，组队参赛，也组织举办上海市高校桥牌赛，曾计划把桥牌管理作为终身职业，终因种种际遇，以后的几十年，一直与桥牌圈忽聚忽散。退休后放下职业工作担子，开办了广安桥牌俱乐部，谋求为桥牌运动作些服务。

牌桌上，最多的争论莫过于围绕叫牌的失误和搭档间对叫牌理念的各自解释。检索手边的桥牌藏书和资料，发现中文版的桥牌书多为入门一级的著作，中译本则偏重于做庄和防守技艺。在人民体育出版社姚垚编辑的鼓励下潜心撰写，遂有了这本《读牌例　长牌技》。

下面对本书稍作浅介：

本书的目的是给普通牌手增强竞技能力提供一本教材，为桥牌讲师和教练讲授理论知识点提供一本教参资料，为专业牌手赛后闲读提供一些桥牌细语漫谈。

本书的体例安排为：

（1）"来源"指出所举牌例在《桥牌》杂志的总期数、年刊号和页码，以便检索。

（2）"回顾"摘引刊出上述牌例的具体著文，原撰稿人所述语句是当时的稿件原文，未以撰稿人名义所写文字则为本书所需的注释和补充。

（3）"理论点解析"均以笔者名义著文，分节陈述则因理论解析的逻辑层次或所涉理论点的范围，总之，为了方便读者理解。

（4）"小知识"则为读者提供一些历史掌故和逸趣。

本书是笔者的独立创作，不侵犯任何知识产权。

"它山之石，可以攻玉"，桥界牌友若有高见望不吝指教，以便笔者修正。错误责任应由笔者全部承担，望读者见谅。

感谢本书合作者徐清牌友的辛劳，也把本书献给我当年的队友江浩、孙百年、贾锦辉，同时感谢桥牌生涯中给予我指教的前辈和牌友，是为前言。

舒邦思

目 录

牌例1 ……………（1）
牌例2 ……………（4）
牌例3 ……………（8）
牌例4 ……………（11）
牌例5 ……………（15）
牌例6 ……………（19）
牌例7 ……………（22）
牌例8 ……………（27）
牌例9 ……………（32）
牌例10 ……………（35）
牌例11 ……………（39）
牌例12 ……………（44）
牌例13 ……………（50）
牌例14 ……………（54）
牌例15 ……………（57）
牌例16 ……………（63）
牌例17 ……………（69）

牌例18 ……………（73）
牌例19 ……………（78）
牌例20 ……………（84）
牌例21 ……………（87）
牌例22 ……………（93）
牌例23 ……………（97）
牌例24 ……………（100）
牌例25 ……………（104）
牌例26 ……………（107）
牌例27 ……………（112）
牌例28 ……………（117）
牌例29 ……………（122）
牌例30 ……………（127）
牌例31 ……………（131）
牌例32 ……………（134）
牌例33 ……………（142）
牌例34 ……………（156）

牌例35 ………… (163)	牌例43………… (204)
牌例36 ………… (169)	牌例44………… (208)
牌例37 ………… (175)	牌例45………… (212)
牌例38 ………… (180)	牌例46………… (216)
牌例39 ………… (184)	牌例47………… (216)
牌例40………… (190)	牌例48………… (221)
牌例41………… (195)	牌例49………… (221)
牌例42 ………… (199)	牌例50………… (229)

牌例 1

来源

总第1期（1985.1，P27）
第30副　东发牌　双方无局

```
              ♠ J 10 5
              ♥ Q J 10 9 2
              ♦ A K Q
              ♣ A 10

♠ A Q 6 2        北         ♠ 8
♥ 4          西     东      ♥ A K 8 7 5
♦ 5              南         ♦ J 9 6 4 3
♣ K Q 9 6 5 3 2             ♣ J 4

              ♠ K 9 7 4 3
              ♥ 6 3
              ♦ 10 8 7 2
              ♣ 8 7
```

闭室	西（京）	北（泰）	东（京）	南（泰）
			—	—
	2♣	×	2♥	—
	3♣	—	—	3♠
	=			

开室	西 （泰）	北 （京）	东 （泰）	南 （京）
			—	—
	2♣	×	2♥	—
	3♣	—	—	3♠
	—	—	4♣	—
	5♣	×	=	

回顾

这是1984年9月泰国女子桥牌队来中国访问与北京女子队交流赛的牌例。两国的队员均使用精确体系，3♠前的叫牌进程都一样。由于两位西家的牌手均未抓住机会作出惩罚性加倍，泰国队的东家做出平衡叫，导致西家经过牌情重评估，叫进成局定约。因为西家对北家存在♦和♥的紧逼态势，防守方不能兼顾打断♥桥路和防止♠将吃，西家可以成功完成5♣成局定约，做出一副大输赢。

理论点解析

（1）精确体制2♣开叫，牌型约定为5张♣加4张高花套或者6张♣套，但并未限制有4张高花套时只能是5张♣套，也可有6、7张♣套带4张高花套的情况。普通牌手在叫牌对抗中往往容易忽略这一细节。东家叫出2♥后，西家改叫3♣，♥不配合和♣有6张套是可以推理出来的，但是没有4张♠套的结论尚无明确征兆或信息可以得到支持并予以推理。

（2）南家仅持有3个大牌点（HCP），在没有二次技术加倍时，不宜做出平衡叫。草率的平衡叫将重启叫牌进程，这可能产生两个可怕的结果：一个是遭到惩罚性加倍（在本例是西家可对南家的3♠作加倍）；另一个是东西家经牌力重估值，将定约从部分定约调整为成局定约（在本例是由3♣部分定约调整为5♣成局定约并做成）。

小知识

因失误形成比分上的大输赢，英语术语为swing，原含义指秋千或秋千的摇摆。由于两个摆点之间差距很大，就被用来形容比分上的大输赢。

牌例 2

来源

总第2期（1985.2，P25）

第13副　北发牌　双方有局

```
              ♠ 10 9 5 4
              ♥ 6 4
              ♦ 9 6 5
              ♣ K 10 9 5
♠ A 6 2                    ♠ K
♥ Q J 3         北          ♥ A K 9 8 7 5 2
♦ J 7 3     西     东        ♦ A K 4
♣ A Q J 7       南          ♣ 8 3
              ♠ Q J 8 7 3
              ♥ 10
              ♦ Q 10 8 2
              ♣ 6 4 2
```

闭室	西	北	东	南
	黑川晶夫	张宏康	久富浩	陈少华
	—		1♥	—
	2♣	—	2♦	2♠
	3♥	—	4NT[①]	—
	5♥[②]	—	7♥	=

开室	西	北	东	南
	唐后祖	中村嘉幸	唐继祖	山田彰彦
		—	1♣③	—
	2NT④	—	3♥⑤	—
	4♦⑥	—	4NT⑦	—
	5♥⑧	—	5NT⑨	—
	6♣⑩	×⑪	7♥	=

注：① 问A；

② 两个A；

③ ≥16HCP；

④ 平均型，14-15HCP；

⑤ 问♥支持；

⑥ ♥好支持；

⑦ 问A；

⑧ 两个A；

⑨ 问K；

⑩ 无K；

⑪ 指示性加倍。

回顾

闭室，南首攻♠Q。庄家足足想了十分钟后才开始打牌，手中♠K拿，打2轮将牌进明手；兑现♠A，暗手垫♣3；连续兑现大牌打完第10轮，呈如下局势：

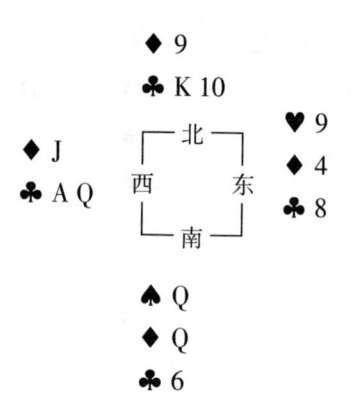

```
            ♦ 9
            ♣ K 10
          ┌ 北 ┐
   ♦ J    西   东    ♥ 9
   ♣ A Q            ♦ 4
          └ 南 ┘    ♣ 8

            ♠ Q
            ♦ Q
            ♣ 6
```

这时自动紧逼的打法失效，结果下一。

开室南家首攻♣4，庄家用♣A停住；用♠K回手；打2轮将牌进明手；用♠A垫去手中的♣输张；继续出♣Q，北放上♣K，庄家将吃；再用将牌进明手；用♣J垫掉♦4输张，完成大满贯定约。

理论点解析

（1）首攻指示性加倍是一个有效的防守工具，通常分为要求首攻被加倍的花色，或要求作一个非寻常花色首攻或者在叫牌中显示过的某门花色，现要求不首攻该花色。但是任何事物与工具都是有一利必有一弊，这个突如其来的信息可能会给对手带来新的机遇。对于普通牌手，建议谨慎使用。

事实上本例经问叫，表明西家无K，多半会正常停在6♥。由于北家不谨慎地对6♣做出了首攻指示性加倍，结果被东家抓住机会计算出♠A可垫去♣输张。西家因持≥16HCP大牌，一定持有♣QJ，可以对北家的♣K实施将吃飞牌，从而形成一个♣赢墩可以垫去♦输张，由此将定约调整为7♥大满贯。

（2）另外，原稿件称：自动紧逼的打法失效不够严谨。在此牌例中如果东家的♦4与西家的♦J交换的话，则可构成自动紧逼态势。在本牌例中只形成单向紧逼，最终只有做♣飞牌或敲下单张♣K才能成功。

牌例 3

来源

总第3期（1985.3，P7）
第6副　东发牌　东西有局

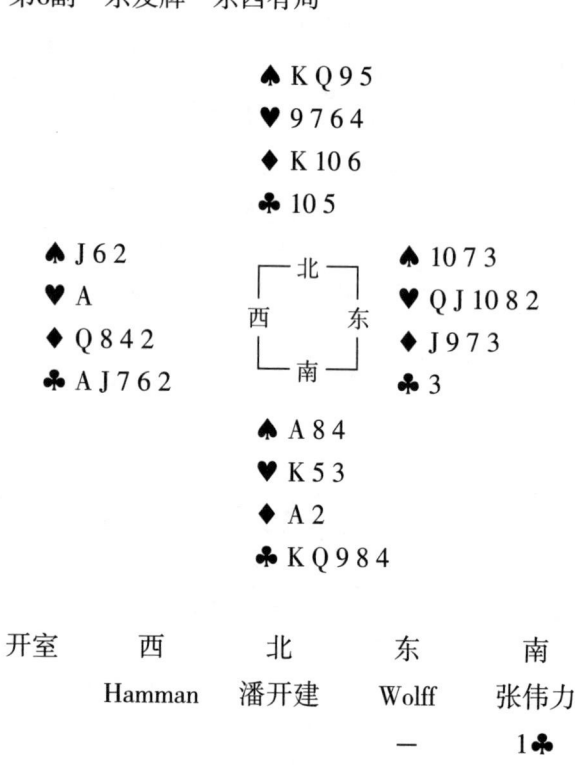

```
                ♠ K Q 9 5
                ♥ 9 7 6 4
                ♦ K 10 6
                ♣ 10 5

♠ J 6 2           北            ♠ 10 7 3
♥ A                             ♥ Q J 10 8 2
♦ Q 8 4 2       西   东          ♦ J 9 7 3
♣ A J 7 6 2       南            ♣ 3

                ♠ A 8 4
                ♥ K 5 3
                ♦ A 2
                ♣ K Q 9 8 4
```

开室	西	北	东	南
	Hamman	潘开建	Wolff	张伟力
			—	1♣
	—	1NT	—	3NT
	=			

闭室	西	北	东	南
	柳跃	Bernasconi	罗运纮	Qrtiz-Patino
			—	1NT
	—	2♣	—	2♦
	—	2NT	—	3NT
	=			

回顾

开室东估计南多半无4张高花长套，因而首攻♥Q，南明手出小，西用♥A得墩；哈曼沉思良久，最后果断打出♦2（因为从首攻及明手牌来看，北最多只有9HCP，基本在♠和♦套上）！庄家放上♦10，东♦J盖，明手♦A进手；出小♠到暗手；转出♣10，东放♣3，明手出♣K，西安静地跟♣2！兑现♠A，♠回到暗手，再出♣5……定约下一。

闭室西家柳跃由于有进张而选择♣6长四首攻，将定约拱手相送。

理论点解析

（1）本例因博弈双方使用叫牌体制不同，形成不同做庄位置，导致成宕差异，这是牌桌上常有的现象。对于精确体制，持大牌点多的一方，往往先用1♣开叫，如果应叫人以1阶花色应叫，持平均牌型的开叫人正好用1NT再叫，确定无将定约的做庄位置；如果应叫人持8HCP以上平均牌，依据约定他应叫1NT无可厚非，然而无将定约就转成由持较少牌点的应叫人做庄。因此使用精确体系的牌手在与使用强无将开叫者对抗时，要考虑运用同步原则或故意作不同步处理，即保持相同庄位或特意形成不同庄位。这个注意事项，在双人赛中也很有用处，并非所有参赛的牌手都使用弱无将开叫，也有使用强无将开叫者。

（2）持8~10⁻HCP平均牌型时，面对1♣强开叫，应叫人可以依据大牌分布与结构，不一定要机械地应叫1NT，可以先以1♦作过渡性应叫。例如，大牌点集中在非长套或两门短套上，没有4张高花套等情况，都可先应叫1♦。有时示强叫并不意味有力，先示弱叫也能后续反弹。

小知识

目前流行的精确体制把1♣开叫后的1NT应叫与1♥应叫调整为：应叫1♥为≥8HCP，积极性应叫，没有5张或以上长套；应叫1NT为≥8HCP，积极性应叫，有5张或以上♥长套。这项修改保证开叫人可以抢占到有利做庄位置。

使用转移精确修订版的牌手，可遵循以下约定：

1♣—1♦：≥8HCP，积极性应叫，5张以上♥长套；

1♥：≤7HCP，消极性应叫，或≥8HCP，积极性应叫，5张以上♣长套；

1♠：≥8HCP，积极性应叫，没有5张或以上长套；

1NT：≥8HCP，积极性应叫，5张以上♠长套；

2♣：≥8HCP，积极性应叫，5张以上♦长套。

牌 例 4

来源

总第3期（1985.3，P9）
第7副　南发牌　双方有局

```
              ♠ A
              ♥ A K Q 7 5 3
              ♦ J 4
              ♣ A Q 10 6

♠ J 9 6 4 3         ┌─北─┐        ♠ 5
♥ 4            西 │      │ 东      ♥ J 9 8 6
♦ Q 9              │      │        ♦ 10 8 7 5 3 2
♣ K 7 5 4 3        └─南─┘        ♣ 9 2

              ♠ K Q 10 8 7 2
              ♥ 10 2
              ♦ A K 6
              ♣ J 8
```

开室	西	北	东	南
	Wolff	唐继祖	Hamman	唐后祖
				1♠
	—	2♥	—	2♠
	—	3♣	—	3NT
	—	4NT	—	5♦
	—	5NT	—	6♥
	=			

读牌例　长牌技

闭室	西	北	东	南
	陆玉麟	Bernasconi	王俊人	Patino
				1♠
	—	2♥	—	2♠
	—	3♣	—	3NT
	—	4♦	—	6♠
	=			

回顾

开室上海队北通过问A、K而停在了6♥，因南叫过3NT，一般♥不该是单缺。东首攻♠5，虽然♥1-4、♠5-1分布，但♣单向飞牌成功，完成定约。这副牌很巧，如果清将，第4轮送给东家，仍有对东西的双挤态势，但本例不讨论打法技巧。

闭室世界桥联队采用自然体制，北的4♦属于第四花色逼叫，此时表示有浓厚的满贯兴趣；南直接叫进6♠定约。由于♠5-1分布，定约下一。

本例的叫牌过程到3NT双方完全相同，笔者想解析的问题是：①2♠明确表示♠是6张套吗？②为什么南家不叫3♦？③如何能表示出♥是6张套？④谁有责任发起满贯试探？等等。

理论点解析

（1）二盖一应叫依据逼叫进局与逼叫一轮区分两者的牌力范围，从而对后续的再叫规范了相应的内容，形成了解析二盖一逼叫理论的相应课题。由于是逼叫进局的应叫，联手具有充分进局的大牌点，后续叫牌的重点就是如何优先充分地表述牌型。而只是逼叫一轮的应叫，后续叫牌就会面临对牌力与牌型如何优先表述的选择。一般而论，再叫的重点就放在如何优先区分超低限与非超低限牌力，这是普通牌手必须通晓的牌理。通常11~12⁻HCP被视为超低限。

（2）对于二盖一逼叫进局的应叫，再叫必须优先表述牌型而不是牌力范围，即再叫开叫花色表示有比1阶开叫更长的花色套，再叫新花色表示有另一新花色套；再叫无将表示除1阶开叫花色的长套外，无另一花色套。例如1♥–2♣后：再叫2♦，表示5张♥和4张♦；再叫2♥，表示6张♥；再叫2♠，表示5张♥和4张♠；再叫2NT，表示5♥-3-3-2牌型。

（3）对于二盖一逼叫一轮的应叫，再叫新花色与同级无将表示持另一花色套或平均牌型，保证非超低限牌力；而再叫开叫花色，仅表示持有超低限牌力，并不保证开叫花色套更长，通常对这种再叫开叫花色名之为等待叫（waiting bid），这种再叫表达了维持叫牌进程、保持叫牌弹性的信息。

（4）就本例而言，使用二盖一逼叫进局应叫的闭室北家，从同伴的2♠再叫已经知道南家持有6张♠，他应当再应叫3♥，强调自己持有6张♥套，不怕在4阶再出♣第二套。由于没有强调6张♥套，导致4♦第四花色逼叫表示有浓厚满贯兴趣时，南家误以为只有♠有6-2配合，从而叫进6♠定约。如果北家能再应叫3♥，南家自然会叫4♥，表示♥是6-2配合，这样北家就会作出4NT♥关键张问叫，叫进更为合理的6♥定约。

（5）就本例而言，使用二盖一逼叫一轮应叫的闭室北家，以2♠这个等待叫为基础，再应叫3♣既表示有第二套的牌型，又显示具有更多的牌力，足够逼叫进局。此时，南家应当再叫3♦，这不是寻求♦的配合，而是保持叫牌弹性，给应叫人再叫3♥的机会，应叫人再叫3♥后，开叫人当然可以叫进4♥成局。以后，应叫人凭借自己的牌力，很容易使用4NT♥关键张问叫，同样叫进更为合理的6♥定约。

总而言之，两队牌手以相同的叫牌进程，从3NT后分道扬镳叫进不同的满贯定约。据此，笔者有理由认为，有牌手没有充分理解二盖一应叫中的某些关键理论点。

牌 例 5

来源

总第3期（1985.3，P10）
第12副　西发牌　南北有局

```
              ♠ A J 9 6 4 2
              ♥ A Q
              ♦ A 10 8 6
              ♣ A
♠ 10 7 5 3              ♠ Q 8
♥ K 9 4 2    北          ♥ 10 8 7 5 3
♦ J 4      西  东        ♦ K 5
♣ 7 6 3     南          ♣ Q 9 4 2
              ♠ K
              ♥ J 6
              ♦ Q 9 7 3 2
              ♣ K J 10 8 5
```

开室	西	北	东	南
	Wolff	唐继祖	Hamman	唐后祖
	—	1♣	2♥	×
	3NT	×	—	—
	4♦	4♠	5♣	×
	5♥	—	—	×
	=			

15

闭室	西	北	东	南
	陆玉麟	Bernasconi	王俊人	Patino
	—	1♠	—	1NT
	—	3♦	—	5♦
	—	6♦	=	

回顾

开室上海队两唐兄弟采用改良精确体制，1♣开叫表示≥16HCP任意牌型；东家哈曼见局况有利便以2♥进行干扰；在南"加倍"显示有一定的实力时，西家沃尔夫老练地以3NT进行不高不低的关煞与东进行默契的配合；当北加倍南罚放时西逃叫4♦，以期把水搅浑；北到此时方叫出♠长套，东鉴于西的强烈呼应觉得有必要施行进一步干扰而叫出5♣，由此，南北只好惩罚东的5♥定约。南首攻♠K，定约下五（按当年规则为900分）。

闭室南北在风平浪静的情况下很轻松地叫到6♦定约。东首攻♣2，定约已成。

理论点解析

（1）本例展现了学院派牌手与实战派牌手桥牌博弈的全过程。东家在同伴Pass后上家作逼叫性1♣开叫时，已经洞察到南北家将至少有一个成局定约。擅长实战的哈曼大师以♥10领头的5张套放出胜负手，以弱二2♥实施阻击兼干扰战术，牌风更凶狠的沃尔夫以3NT实施加深阻击。对这个3NT加深阻击叫品，不能被其未加叫就似乎♥未配合的外表所迷惑。它有两个目的：一是尚未被加倍，即使放打必宕的定约，下八共计400分也很合算（如果被加倍，可以调整到4♥），上海桥牌界行话为"唐伯虎"战术（取其谐音：宕八副）；二是留出4♥下的叫牌空间，也许同伴有机会作出首攻示选信息性叫牌。

（2）南家面对2♥阻击叫进行的应叫属于抗干扰性应叫，这与单纯性应叫是不同的，普通牌手应学会区分。他们通常未能理解，叫牌体系在各种叫品的设计过程中，确实需要针对各类牌型牌力作出叫品的配置分类设计，且各种叫品存在阶位的高低。抗干扰性应叫有一个最基本的设计理念，即优先配置明确的叫牌内容，把最不能明确表达或最不容易表达的内容最后归类给加倍。因为，这个叫品不挤占叫牌空间，并需要同伴在排除其他叫品信息的基础上进行合理推算。缺点也是显而易见的，它给对手留出了自由发挥的机会。南选择不尽快出套，想用加倍静观其变，在竞叫力度上落了下风。

（3）此时南家如果作出套性竞叫，理论上称之为自由叫，并且按牌力强弱称之为强自由叫和弱自由叫（这种二分法也不完全，以后笔者将解析三分法自由叫）。南加倍表示有一定实力，难道两唐兄弟约定3♦应叫属于弱牌力吗？理论上，自由叫按叫牌形式分为一盖一、二盖一、二盖二、三盖二等多种形式，那么从逻辑推理，三盖二自由叫不该没有"一定的实力"吧。所以，若南叫出3♦，本例的大输赢就不会出现，输赢只会发生在南北方是否叫进6♦小满贯。

（4）东西方的搅浑水战术确实取得成效，但本例的理论点是如何或何时中止浑水战术。笔者认为持弱牌烂长套实施浑水战术，还应当严格有度，不宜一而再、再而三地实施。以本例而论，东的5♣叫品就属于过度搅浑，他给了南北方纠错的机会。如果，东对4♠安静地放过，南家持单张♠K，很难将定约扭转到6♦，南北方得分将在600~650之间。

小知识

牌例4回顾中曾介绍世界桥联队采用"自然体制"，笔者在多个场合一再重申：查《审定桥牌百科全书》（The Official Encyclopedia of Bridge）词条，只有自然叫（Natural Calls）术语，并无"自然体制"（Natural System）术语。造成这个误会是源于《桥牌》杂志创刊号起，就开设了自然叫牌法基础讲座，引入术语自然叫牌制。现在，我们还是要准确介绍世界桥联队采用的是现代标准制。牌手们可以阅读《桥牌现代标准叫牌法》——蜀蓉棋艺出版社，1988年3月版，Root著，Truscott序。

牌 例 6

来源

总第3期（1985.3，P10）
第12副　西发牌　南北有局

```
            ♠ 7
            ♥ 9 7 5
            ♦ A K J 10 6
            ♣ K Q 8 4

♠ K 10 8 6 4 3         北         ♠ J 9 5 2
♥ A 8 2           西        东     ♥ K J 10 4
♦ 8 7 2                南          ♦ Q 5
♣ 9                                ♣ A 5 3

            ♠ A Q
            ♥ Q 6 3
            ♦ 9 4 3
            ♣ J 10 7 6 2
```

闭室	西	北	东	南
	唐继祖	Bernasconi	唐后祖	Patino
	2♦	—	2NT	—
	3♠	=		

开室	西	北	东	南
	Hamman	王俊人	Wolff	陆玉麟
	2♠	3♦	3♠	3NT
	=			

回顾

闭室上海队西的2♦是一种多重性的开叫，其一，弱二高花套6张，6~10点；其二表示坚强7张低花套，≥19点。这样，给北的争叫带来困难。东的2NT是有一定实力的约定叫。西再叫3♠，表示是弱二的♠套。结果西做3♠定约，北首攻♦K，定约上一。

开室世界桥联队西以弱2♠开叫；北争叫3♦；东加叫到3♠；南以3NT结束了叫牌。这个3NT叫得好，但是打来却异常紧张。西首攻♠6，东上J，南用Q吃；出小♣，北上K，东用A吃进；东应该可以想到西多半有♥A或♠A。沃尔夫沉思良久，大概他后悔这墩♣放A太早，很不情愿地出了♠2；庄家♠A得到后，只要打对♦Q定约就回家了，可惜，陆玉麟让明手飞过去……

理论点解析

（1）本例展示了两种弱二高花开叫流派，开室东西使用传统的确定型弱二高花开叫，一亮相就表明西持至少6张♠套，闭室东西两唐兄弟使用不确定型弱二高花开叫，其特征在于2♦开叫时所持高花长套未确定。有兴趣的牌手，可以阅读《多义2♦开叫》——霍顿著，成都时代出版社2011年版。该书没有针对确定型与不确定型弱二高花开叫实施不同技术性加倍的进一步阐述，笔者在今后会结合具体牌例予以解析。

（2）两种弱二高花开叫流派虽然均作了2NT约定性强应叫的设计，但后者因降低开叫阶位，多出了一个2♠应叫，被设计为♥好于♠支持，允许同伴持有♥长套时叫出3♥，加强了竞叫的对抗性。这一应叫优势原本可在本例中采用不确定型弱二高花开叫的闭室得以显现，但是遗憾的是东家没有善加利用，从而失去得分机会。闭室东家可以激进地叫出3♥，表示双高花支持以及邀叫牌力，那么西家多半会在有利局况时叫出4♠；东家也可以保守地叫出2♠，表达♥好于♠支持的信息，如果西家在有利局况与♥失张受到保护的形势下，加叫到3♠意图加深阻击，恐怕东家也会叫进4♠。即使西家对2♠做出Pass，只要北家作出争叫，东家的3♠仍有机会挽回失局局势。万一对南家持♠AQ而强行叫进3NT，防守时西家也已经多获得首攻♥的信息分析（如果开室也使用2♦开叫）。

（3）对于闭室东家使用2NT约定性强应叫，笔者仍然不太明白再叫3♠的含义。通常答叫设计为，3♣/3♦/3♥/3♠分别表示低限♥/低限♠/高限♥/高限♠，那么对3♠答叫，东也宜加叫4♠进局。后来笔者幡然大悟，原来这个2♦开叫，还包含坚强7张低花套和≥19HCP的另两种情况，这样一来♣/♦强牌与♥/♠弱牌混合的四种牌情在答叫中分别占据了3♣/3♦/3♥/3♠四个叫品，每种叫品的具体情节无法分清，使得东家只能从联手总牌点去估计进局4♠的成功概率。分析至此，笔者的观点是，在设计约定性叫牌时，一个叫品的内容不宜过多和复合度太高，简单、清晰、易懂可能更有效。

牌 例 7

来源

总第4期（1985.4，P29）

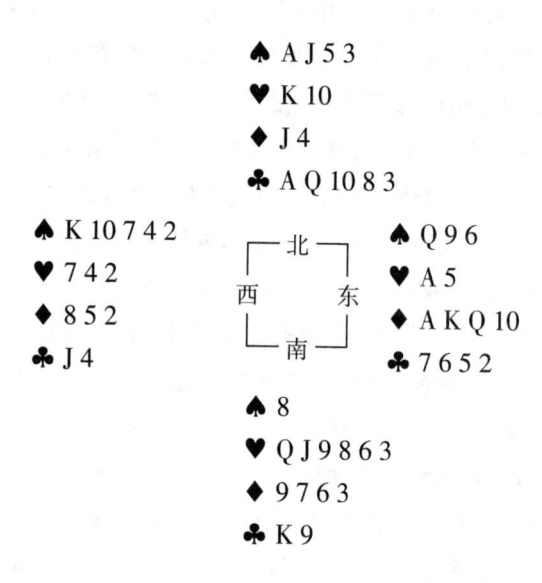

```
                    ♠ A J 5 3
                    ♥ K 10
                    ♦ J 4
                    ♣ A Q 10 8 3
♠ K 10 7 4 2                      ♠ Q 9 6
♥ 7 4 2          北                ♥ A 5
♦ 8 5 2       西    东              ♦ A K Q 10
♣ J 4            南                ♣ 7 6 5 2
                    ♠ 8
                    ♥ Q J 9 8 6 3
                    ♦ 9 7 6 3
                    ♣ K 9
```

回顾

　　这是一副1956年英国桥协举办的比赛中出现的实战牌例，很多牌手都未能找到将牌控制的防守绝招。南做3♥定约，由于东曾叫过♦，西首攻♦。东得墩后，应该转攻一个小将牌♥5，控制了明手将吃♦的可能及用♣垫去♦失张的可能，得以打宕定约。看了四家的牌，好像东的防守也不难，但在现场实战中，几乎无人找到这一防守妙招。

理论点解析

（1）这种防守妙招，可以列入局面控制的理论课题，查阅《审定桥牌百科全书》，发现有词条"保持控制"（Control Maintenance）。释义：旨在阻止防守方获得某一花色控制权的战术。在无将定约时，缓拿（忍让）打法（Hold-Up Play）是保持控制的关键。在有将定约中，保持控制一般表现在与持有长将牌的一个防守人进行战斗。普通牌手比较熟悉的策略，就是持长将牌的一家一直拒绝将吃防守方攻出的某一花色，直到持短将牌的一家能够安全将吃为止。可是，这里指的是做庄的一种方法，不是防守方的妙招。

（2）继续细查将牌控制（Trump Control）词条，该词条又推荐参见将牌处理（Trump Suit Management）。将牌处理是指庄家在做庄打牌过程中对将牌的利用和处理方式，看来这也只能列入做庄打法的课题，与防守打法不同类。

（3）文章作者周麒先生又介绍了与上述防守妙招相类似的牌例，发生在1979年世界百慕大杯赛（Bermuda Bowl）的预赛第二轮。

读牌例　长牌技

第11副　南发牌　双方无局

```
                ♠ K Q J 10 8
                ♥ Q 4
                ♦ 8
                ♣ A K 10 9 2
♠ 9 3                           ♠ A 6 5 4
♥ 7 3            北              ♥ A K 2
♦ K 10 7 6 3   西   东           ♦ Q 9 4
♣ 7 6 5 3        南              ♣ Q J 4
                ♠ 7 2
                ♥ J 10 9 8 6 5
                ♦ A J 5 2
                ♣ 8
```

开室	西 台北队	北 美国队	东 台北队	南 美国队
				2♥
	—	4♥	×	=

闭室	西 美国队	北 台北队	东 美国队	南 台北队
				—
	—	1♠	1NT	2♥
	—	3♥	=	

24

开室西首攻♠9，东♠A得墩。东回攻♠希望西能将吃，结果未能将吃，庄家获得控制，仔细做庄完成了4♥定约。周先生指出：换个思路，a. 东转攻♦，b. 东转攻♣，c. 东连出♥AK发现庄家均能完成定约。周先生又指出，如果利用前例防守妙招的思路，东先兑现将牌♥K，然后再攻出♦4，无论庄家如何打法，定约就是不能完成。

周先生著文的标题是"控制将牌以静制动"。笔者认为这种防守妙招，应命名为"将牌以静制动控制"。

（4）解析（1）提及缓拿（忍让）打法（Hold-Up Play），查《审定桥牌百科全书》，Hold（持有、赢得）、Hold Off（缓拿（忍让））、Hold-Up（缓拿（忍让））三词条，发现还需参见Duck（放掉（让掉）打法）词条。Hold-Up Play，是拒绝用赢张去赢进一墩牌，以便在对方所攻击的这个花色中保留控制，直到比较安全的时刻才用这个赢张赢进一墩牌。

在这方面，该打法只从庄家的角度加以讨论，该打法也可以为防守方利用。从这个意义上分析，笔者认为，该种打法的翻译命名还是按英文原意直译为持张打法更易理解，即能赢墩时Hold-Up不赢墩，想赢墩时Hold-Off就赢墩。

Duck在英语原意是鸭子或（像鸭子那样）突然潜入水中，并转译为迅速闪避。桥牌术语中的Duck Play，被汉译为放掉（让掉）打法，指为了达到保留进张（Entry）的目的，在本来可以赢进的一墩牌上却打出1张小牌，让对方赢得这墩牌。当这个花色的牌是由对方攻出来的时候，放掉打法虽然在表面形式上与缓拿（忍让）打法完全相同，但二者的目的完全不同。放掉打法是为了完成自己的目标，缓拿打法则是为了阻扰对方。由此看来，笔者认为，不妨也按原意将Duck Play译为躲避或避让打法，务使名称通俗易懂、便于理解。

小知识

周麒教授是第一批被批准为国家级裁判员的桥牌专家，也是被世界桥联批准的中国籍国际裁判。他的桥牌专著有《忍让与规避》（人民体育出版社2006年版）、《桥牌飞牌术》（上海辞书出版社2001年版）和《桥牌终局战术》（上海科学技术出版社2007年版）。

笔者在1981年组织上海市高校桥牌赛时任秘书长，特邀周老任理事长，相交甚笃。如今斯人已逝，特撰稿缅怀。

♠♥♦♣

牌 例 8

来源

总第4期（1985.4，P40）
第61副　北发牌　双方有局

```
              ♠ 8 4 3
              ♥ K Q 8
              ♦ A 10 2
              ♣ K 10 9 5

♠ A J 9 6          ┌─北─┐          ♠ K
♥ J 9 6            │    │          ♥ A 7 5 3
♦ J 9            西│    │东        ♦ K Q 8 4 3
♣ Q 6 4 2          │    │          ♣ A J 8
                   └─南─┘

              ♠ Q 10 7 5 2
              ♥ 10 4 2
              ♦ 7 6 5
              ♣ 7 3
```

开室	西	北	东	南
	美国队	奥地利队	美国队	奥地利队
		1♦	=	

读牌例　长牌技

闭室	西	北	东	南
	奥地利队	美国队	奥地利队	美国队
		1♣	×	—
	1♠	—	1NT	—
	3NT	=		

回顾

　　闭室北开叫1♣，东做技术性加倍，当西1♠出套后东又叫出1NT，西遂直接关叫3NT进局。做庄没有难度，安然成约。

　　开室北开叫1♦后，接着三家全不叫，显然北无法完成1♦定约，但未被加倍的1♦定约再多宕1墩也不能补偿东西能打成3NT的损失。

　　这是1984年奥林匹克比赛复赛阶段美国队与奥地利队的实战牌例，因失误较多，美国队被淘汰。本副牌奥地利队净胜6IMP。

理论点解析

　　（1）按30年前流行的争叫设计，闭室美国队北开叫1♣后，奥地利队东使用先加倍后出套（无将）争叫手段，东西毫不费力地叫到并完成3NT。开室北家开叫1♦以后，东为何不做技术性加倍呢？根据技术性加倍的定义，东应持♦较短，其他三门花色不弱于一大牌3张支持或者≥16HCP的非♦5张套，由于不符合要求，东家被迫作Pass处理，以致西家无所判断导致放打1♦定约的失误。笔者不认为东家的Pass叫牌属于无奈之举,尽管有存在并流行了多年的埋伏与平衡竞叫理论。

(2)早在1965年,美国队正选队员埃德加·卡普兰(Edgar Kaplan)就著书阐述埋伏与平衡理论。在《现代桥牌竞争叫》(Competitive Bidding In Modern Bridge)一书中辟有埋伏与平衡(Trapping and Balance)专章,陈述如下:对敌方开叫一门花色的加倍通常被解释成迫伴加倍。所以当你持有一手强牌,而且在敌方花色上拥有长度和强度的时候,你最好的处理方法就是不叫。这种不叫我们称之为"埋伏"(Trapping),它相当于先布置了一个陷阱,然后等着惩罚敌方的定约。Trap的英文原意就是陷阱。

《审定桥牌百科全书》词条"设陷阱不叫"(Trap Pass)指出:持有一手强防守牌的牌手所作的不叫,目的在于希望对方自己叫牌而造成困难的结果。一个牌手如果在其右手对方所开叫的花色中持有长而强的牌,常常就会作出这种设陷阱不叫。该词条又补充:在持有18或19HCP时,作设陷阱不叫的战术是有问题的;而在20HCP时,作设陷阱不叫通常是不明智的。

《审定桥牌百科全书》词条Balancing(or Protection)平衡叫牌(或保护叫牌)指出:当对方的叫牌在低副数水平上停止时,应用一个叫牌或加倍来重开叫牌。保护叫牌是英国通行的说法。

(3)埋伏与平衡一章又举例:当敌方开叫1♠,而你持有以下这几手牌的时候,你都可以采取"埋伏性的不叫":

a.♠KJ×××，♥A×，♦KQ×，♣K××。
b.♠QJ9××，♥KJ×，♦AK，♣×××。
c.♠AQ10×，♥AK××，♦QJ××，♣×。

以上三例都持有♠长套，≤16HCP，其牌型牌力符合审定桥牌百科全书词条说明。

该章重新开叫一节指出：当你使用埋伏性不叫之后，你当然希望敌方的应叫人加入叫牌，而使敌方遭到极大的困扰。但是敌方应叫人也可能没有足够的应叫强度，这时候他会不叫。如果第四家也跟着不叫，你们可能要受到很大的损失。所以，如果你是第四家，纵然你拿的是一手点力不高的牌，你也应该奋力使叫牌持续下去，这就是重新开叫（Re-opening bid）。这种在重新开叫位置依靠同伴的牌力开叫，则称为平衡叫（Balancing Bid）。如果，你持有较平均牌型，难以作出出套性争叫，你可以选择重开叫位置的加倍，也称平衡性加倍。

平衡性加倍遇到同伴果真是埋伏的时候，他可以罚放同伴的平衡叫，即把平衡性的迫伴出套加倍转换成惩罚性不叫（Penalty Pass）。

（4）卡普兰在担任多年美国队队员后又升任为队长，1995年率队来北京比赛时，担任不上场队长兼领队。埋伏与平衡理论应当为美国队所掌握。那么，究竟为何西家的美国队员会不作平衡叫呢？思之再三，笔者只能作如下猜想，那就是北家的1♦开叫可能特别约定为不保证♦是真套。目前，中国桥坛流行的精确体制也有一个1♦开叫不保证♦长度的流派，对这种1♦开叫，俗称为垃圾1♦开叫。笔者的理论识见是，对花色开叫作埋伏不必拘泥于原有的定义和条件，可以选择形式性埋伏，即把开叫花色当作有长套处理。结合本例，西家短套◆外三门花色较长，并且有9HCP，还是应当作出平衡性加倍，以使叫牌继续。

> **小知识**
>
> 卡普兰的上述专著《现代桥牌竞争叫》的中译本，由蔡浪涯翻译在台湾出版，中国大陆的翻印本由中国青年出版社1990年结集出版，书名为《桥牌现代竞叫打法技巧实战测验》，内含现代桥艺的竞叫、桥艺处理技巧和争锋桥赛三本专著。
>
> ♠ ♥ ♦ ♣

牌例 9

来源

总第5期（1986.1，P7）
第8副　西发牌　双方无局

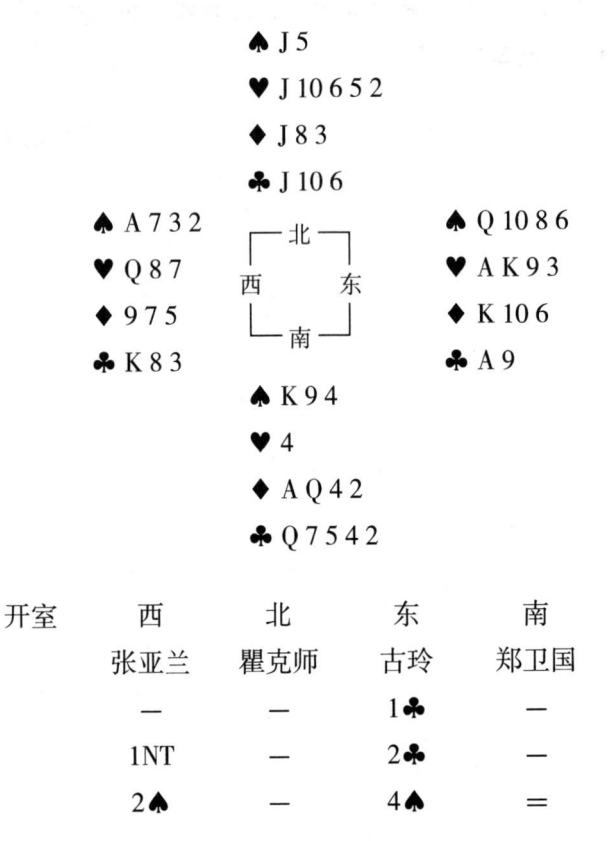

```
              ♠ J 5
              ♥ J 10 6 5 2
              ♦ J 8 3
              ♣ J 10 6

♠ A 7 3 2              ♠ Q 10 8 6
♥ Q 8 7     北         ♥ A K 9 3
♦ 9 7 5   西  东       ♦ K 10 6
♣ K 8 3     南         ♣ A 9

              ♠ K 9 4
              ♥ 4
              ♦ A Q 4 2
              ♣ Q 7 5 4 2
```

开室	西	北	东	南
	张亚兰	瞿克师	古玲	郑卫国
	—	—	1♣	—
	1NT	—	2♣	—
	2♠	—	4♠	=

闭室	西	北	东	南
	陆玉麟	娄介女	王俊人	王萍
	—	—	1♦	—
	1♠	—	3♠	—
	3NT	=		

回顾

这是1985年9月厦门"集美杯"桥牌邀请赛，全国女子集训队与上海男队的淘汰赛牌例。古玲与张亚兰使用精确体制，王俊人与陆玉麟使用标准制。

开室东西中规中距地叫进4♠定约，由于北首攻♥J，使得庄家看清♥的分布，定约做成毫不费力。读者可以考虑一下首攻♣J的变化。

闭室东持16HCP平均牌型，不开叫1NT而改开叫1♦，西家应叫1♠后，东作3♠跳加叫，陆玉麟叫3NT表示牌型平均，让东选择最终定约，王俊人把做庄重任交给了同伴陆玉麟。中规中距的♣J首攻，定约下一是正常的。女队净胜10IMP。

理论点解析

（1）令笔者费解的是，王俊人持16HCP平均牌型，为何不开叫1NT而改开叫1♦，两个开叫可能会对高花定约的做庄位置产生影响。1NT开叫后，通过2♣stayman问叫，4-4配合的高花定约或无将定约全能由开叫人做庄，而1♦开叫后应叫高花的定约由应叫人做庄。普通牌手在选择开叫叫品时，应多考虑影响做庄位置的因素，提高理论认识。

（2）当双方确认高花4-4配合时，一方做出3NT叫牌，只要不是特别的约定叫，那就是表示牌型比较平均，己方缺少副牌将吃机会，要求同伴选择4阶高花有将定约或3NT定约。为何东家面对♣A9双张，仍然选择3NT定约，同样令笔者费解。普通牌手应当尽量选择4阶高花有将定约。事实上，就本例而言，东做4♠定约，南多半会首攻单张♥4，定约成功率大为提高。

（3）另一个理论点是，东开叫1♦然后跳加叫3♠究竟表示多高的大牌点和多长的♦套？传统的标准制将低花1阶开叫后跳加叫同伴应叫的高级花色，表示为16-18HCP、4-4-4-1牌型或至少5-4牌型。如果真是这样，那西的3NT叫品除上述含义外，还有留出空间让同伴继续描述牌型的意味，也许同伴有单张♥，也许♦是更长的套。这就是说，3NT还具有等待叫的性质，起码不属于最后一班车3NT约定叫。

普通牌手从本例1♦开叫、3♠跳加叫和3NT选择叫中的种种思绪，应当总结出一个理论点：当手中牌力牌型符合某一个开叫条件时，应该本分地依照双方约定的叫牌体制开叫，不宜临时变招。

牌 例 10

来源

总第5期（1986.1，P10）
第3副　南发牌　东西有局

```
              ♠ J 8 6
              ♥ A 7 3
              ♦ Q 10 5
              ♣ K Q 5 3
♠ K 10 5 4 3 2        ♠ A Q 9
♥ K 10 9 8 4          ♥ J 6 5
♦ 4                   ♦ A J 8 3 2
♣ 4                   ♣ 10 9
              ♠ 7
              ♥ Q 2
              ♦ K 9 7 6
              ♣ A J 8 7 6 2
```

开室	西	北	东	南
	唐后祖	张亚兰	唐继祖	古玲
				—
	—	1♦	—	2♣
	×	—	2♦	—
	2♠	3♣	—	3♠
	—	3NT	=	

闭室	西	北	东	南
	王萍	陆玉麟	娄介女	王俊人
	—	1♣	1♦	3NT
	=			

回顾

开闭两室都叫成3NT，区别在于开室由北张亚兰做庄，定约宕二；闭室由南王俊人做庄，实战经验丰富的王大师在西首攻♥时以♥Q得墩后，用♣到明手出♦5，东经验不足，没有及时放上♦A，从而让庄家骗得一墩完成了这个没影的3NT，生生从女将那里抢到11IMP。

理论点解析

（1）本例需要阐述的理论问题是为何东西5♠的铁打定约会被南北忽悠到3NT。即使东西能够做成3NT，4♠买单，被加倍宕一也是值得的。本例需要探讨的理论点在于当对方低花开叫后，如何尽快描述自己持有的高花套。

（2）论述这个理论点之前，第一要务是必须了解低花开叫是否是实叫，这决定描述牌型与牌力顺序的先后。一般来说，对于实叫的，牌型优先；对于虚叫的，牌力优先。有限牌力的盖叫、跳叫性争叫，一声叫牌就确定单套与牌力，但对持≥16HCP单花色套就出现两难。先加倍，对方跳加叫，后面就难出套；先出套，又怕同伴放过。笔者认为，传统的观点给出一套约定俗成的争叫体系，可用于应对标准体制。即技术性加倍迫伴出套，以后自由叫无将显示≥19HCP，平均牌型或自由出套显示≥16HCP，5张以上所叫花色套；一盖一争叫 8-15HCP，二盖一争叫10-15HCP等。现代观点，可以把先加倍后出套与先出套后加倍视为具有同胚性质的竞争叫。区分的办法是低花开叫为实叫时，先出套后加倍；低花开叫为虚叫时，先加倍后出套。

（3）对于低花开叫，持两门高花套，又处于直接位置的争叫方，当然都会使用迈克尔扣叫这个众所周知的竞叫工具，扣叫开叫低花，显示双高花套。同时，也衍生出扣叫开叫高花，显示另一高花及另一低花套，还有2NT跳盖叫1阶开叫高花，显示两门低花套。那么不处于直接位置，又持有双套高花的防守方，有什么竞叫方法呢？前提是先听听第三家如何应叫，再想一想局况对己方有利否。

（4）回到本例开室，北的1♦开叫不是实叫；东的Pass情况不明，也许牌力不足，也许是埋伏性Pass；南的2♣应叫示♣套，≥11HCP逼叫一轮。现在西应如何投入战斗？大唐先生作出排除低花性加倍显示持有双高花套，这个叫品无可厚非，套长优势抵消了大牌点少的劣势。但从探讨对抗强度而论，学院派的叫牌给处于埋伏的东家的感觉是同伴高花套不够长。东只能用扣叫2♦表示等长高花，但是东为什么不能扣叫短套♣，展示具有埋伏性不叫的牌力呢？另外，如果同伴叫出2NT或扣叫3阶低花，从积极压制对手方出套考量，不也无可厚非吗？现在笔者要薄非一下西家，基于同伴未参与竞叫，第三家又作出二盖一应叫，从有利局况出发，持6-5高花两套，不能亮剑一次？

笔者推荐的特约如下：

a. 2♦扣叫——弱牌力的5-5双高套；

b. 加倍——有些牌力的5-4双高套；

c. 2NT——有些牌力的5-5双高套；

d. 3♣——同级原则5♠-6♥双高套（同色原则6♠-5♥）；

e. 3♦——同级原则6♠-5♥双高套（同色原则5♠-6♥）；

f. 2♥/2♠——6张♥/♠套；

g. 3♥/3♠——7张♥/♠套。

最后要指出的是对于南家的3♠，作个加倍很难吗？怕对手补叫进5♣吗？

（5）回到本例闭室，北的1♣开叫算是实叫，东的1♦争叫很规范。南家基于很长的♣套和10HCP，低阶抗干扰叫很难抑制防守方的高花出套。怎么办？笔者请读者参见本书牌例5中理论点解析推荐的"唐伯虎战术"，直接叫进3NT就是这一战术之应用。只要防守方不加倍，局况有利宕两墩也无所谓；若首攻失误，可能摸到个局分；遇到惩罚性加倍再走到4♣，也不怕有大失分；放出胜负手，唬倒对方也属桥坛一段佳话。王大师转战上海桥坛多年，姜还是老的辣。

牌 例 11

来源

总第6期（1986.2，P14）
第1副　北发牌　双方无局

```
                ♠ A K 10 9
                ♥ Q J
                ♦ 9
                ♣ A Q 9 8 4 2

♠ Q 4 3                        ♠ J 7 6 5
♥ 9 8 6 4 3       北           ♥ 10 5
♦ 6 5 3       西      东       ♦ A J 8 7
♣ J 7             南           ♣ 10 6 5

                ♠ 8 2
                ♥ A K 7 2
                ♦ K Q 10 4 2
                ♣ K 3
```

开室	西	北	东	南
	Meckstroth（美）	Munir（巴）	Rodwell（美）	Fazli（巴）
		1♣	—	1♦
	—	1♠	—	2♥
	—	3♣	—	3NT
	—	4NT	—	6♣
	—	=		

读牌例　长牌技

闭室	西	北	东	南
	Zia（巴）	Solodar（美）	Masood（巴）	Arnold（美）
		1♣	—	1♦
	—	1♠	—	2♥
	—	3♣	—	3NT
	—	4NT	—	5♦
	—	5♥	—	5NT
	=			

回顾

　　这是陈厚铭先生根据《英国桥牌杂志》1981年12月号上登载材料编写，刊登在《桥牌》杂志的牌例。本牌例是美国队与巴基斯坦队在1981年百慕大杯赛96副冠亚军决赛的第1副牌。笔者根据世界桥联1981年世锦赛公报，查核出场队员座位后准确排位。

　　陈先生简单介绍开室南北方叫进6♣小满贯完成定约，而闭室南北方"想叫6♣或6NT，考虑如果♣是3-2分配，可以打成小满贯，但是最后还是停在5NT上"。分析内容是："双方叫牌的关键在于北对于南的3NT的再叫。北如果能主动一些，是能够叫成小满贯的，因为南的♣K在同伴叫过两次♣以后是有很大价值的。"

　　笔者认真阅读了公报对这副牌的评论全文，发现问题并不简单，理应更深入地作理论解析。

理论点解析

　　（1）看完牌例，大概全体牌友都会惊讶，对4NT罗马关键张问叫为啥答叫5◆？为啥直叫6♣？4NT罗马关键张问叫的全称是罗马关键张黑木问叫。周家骝先生翻译的审定桥牌百科全书中文本依据的是该书英文本1976年第三版。查阅该书1984年第四版黑木4NT问A约定叫，其答叫为：5♣—0或4A，5◆—1A，5♥—2A，5♠—3A。查阅罗马黑木4NT问A约定叫，其答叫为：5♣—0或3A，5◆—1或4A，5♥—2A同色或同级，5♠—2A不同色又不同级。查阅《审定桥牌百科全书》英文版1994年第五版相应词条罗马关键张黑木问叫，其时明确注明将将牌K视为1A，答叫为：5♣—0或3A，5◆—1或4A，5♥—2或5A。另外注明：也有以5♠答叫为2或5A含将牌Q。由此判断，1981年期间美巴桥牌大师尚不使用将将牌K视为A的叫牌约定，只认为有额外价值。因此巴国大师简单直接地叫6♣，而美国大师则通过5♥微妙地表达在5阶继续探寻6♣或6NT的心愿。

（2）查阅1981年世锦赛公报对这副牌闭室美国队的评论分析："Solodar的1♠叫牌，也许是带有合理平均牌型，他的3♣再叫是基于2♥的第四花色逼叫，略有可能少于6张套的意味。Arnold的叫牌确实传递有些额外价值，对Solodar也是如此，他选择叫进3NT。他可以第三次再叫他的♣套，但他的4NT看来是一次明显的探寻满贯。在这一点上，困惑出现了。Solodar和Arnold这对组合在全场比赛中只打过16副牌，他们之间的特约比其他的搭档更缺乏稳固性。Arnold与另一队员Levin约定单问A用于无将满贯试探，所以Arnold选择按A张数回答。Solodar不能自行叫进满贯，所以摸索地叫出5♥，表示不愿直接越过5NT，如果Arnold也不愿越过的话。现在Arnold在想，他已报出A张数，莫非真的碰上同伴只持一个A。如此一来，他感到得赶快用5NT实证。他真得要终结叫牌，或许

Solodar持有一手不该持有的牌,难道他真的持有♠KQJ× ♥QJ ♦× ♣AQJ10××。没有一个人喜欢5NT这个最终的定约。"从该段评论,我们看不到南北双方想叫6NT的意图。

笔者想问:当北使用4NT问叫时,他有没有想过同伴只有一个A且缺♣K信息时的续叫预案?理论上应该有,这就是本例的第一个理论点。相信搭档对叫牌进程有安全软着陆的预定叫牌方案,通俗地说,如果你想叫到满贯并做庄成功,没有做庄方案就不要轻率探贯。对于本例,南持有♣K,应当相信搭档持有两个A。从第三方角度观察,若未持两个A,可先从4阶扣叫A起步,慢慢探索,然后再启动4NT问A。第二个理论点是对4NT问叫答叫后,问叫人在5阶叫出新花色不直接继续问K时,可知他的基本牌力是充分的,只是缺少待寻的某个特别牌张,特别是叫牌过程未能或无法显示的牌张,在本例就是♣K。南家就是缺少上述默契点,导致停叫在5NT上,否则南应叫出6♣!

(3)现代叫牌理论已经推出完整的罗马关键张黑木4NT问叫方案。更为周详的理论,笔者向普通牌友们推荐参阅《罗马关键张》专著——艾迪·坎特著,成都时代出版社2008年版。该书不仅增加了强牌一方向弱牌一方和弱牌一方向强牌一方答叫的具体变化,还增加了双套配合下4A加2个关键K的4NT问叫的答叫设计,并附有60个练习题和答案。

(4)对于本例,笔者认为如果北越过3NT再叫4♣,南自然会扣叫4♥。当4NT问叫,答叫5♦,北再叫5♥时,南大概不会误认为北仅持一个A。这时对♣K的价值评估会有所提高,面对5♥叫牌,甚至可能叫进更安全的6NT定约。本例的第三个理论点就是一方越过同伴叫过的3NT再叫自己低花长套是否逼叫?对于这个问题,《桥牌》杂志曾组织过讨论,但未作出完整统一的理论总结。笔者的观点是，当同伴作了第四花色逼叫后再叫进3NT时，越过3NT叫出自己的长套低花应当是逼叫的；展示自己有两套牌，尚未有机会明示与同伴长套有配合，越过3NT加叫同伴长套低花的，也应当是逼叫。如果双方各自多次展示己方花色长套，最终同伴叫进3NT，越过3NT再叫己方长套低花或加叫同伴长套的话，则是不逼叫的。

小知识

陈厚铭先生是北京市桥界名宿，对推动桥界运动做出很多贡献。陈先生翻译的《桥牌防守技巧》（KANTAR For The Defense）上下册，由蜀蓉棋艺出版社1986年出版。普通牌手若能做完书中全部练习题，相信你的搭档会对你的防守能力刮目相看。

牌例 12

来源

总第6期（1986.2，P14）
第2副　东发牌　南北有局

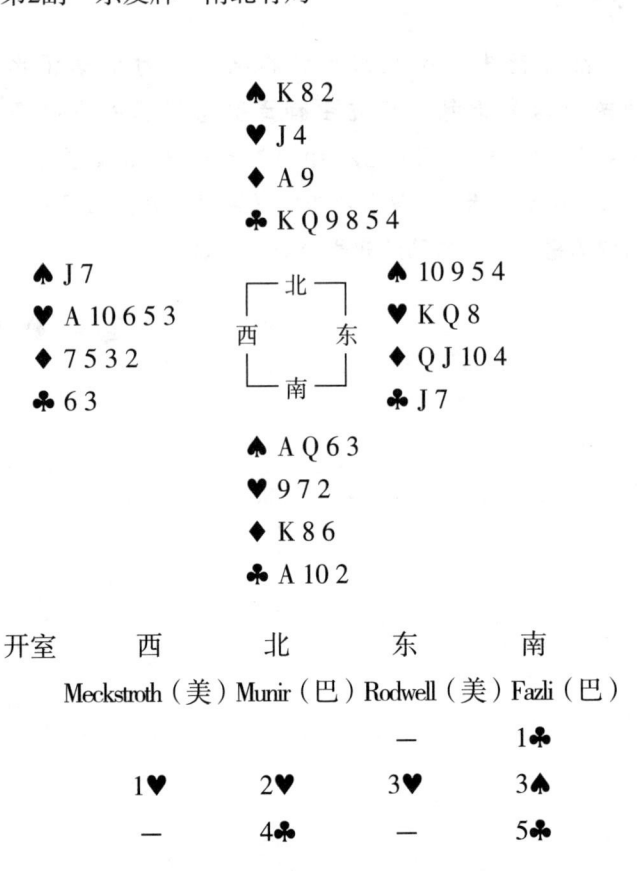

```
              ♠ K 8 2
              ♥ J 4
              ♦ A 9
              ♣ K Q 9 8 5 4
♠ J 7                          ♠ 10 9 5 4
♥ A 10 6 5 3       北          ♥ K Q 8
♦ 7 5 3 2       西    东        ♦ Q J 10 4
♣ 6 3              南           ♣ J 7
              ♠ A Q 6 3
              ♥ 9 7 2
              ♦ K 8 6
              ♣ A 10 2
```

开室	西	北	东	南
	Meckstroth（美）	Munir（巴）	Rodwell（美）	Fazli（巴）
			—	1♣
	1♥	2♥	3♥	3♠
	—	4♣	—	5♣
	=			

44

闭室	西	北	东	南
	Masood（巴）	Solodar（美）	Zia（巴）	Arnold（美）
			—	1♣
	—	2♣	—	2NT
	—	3NT	=	

回顾

在开室中，南见同伴超越3NT，而且不支持♠，自己♣有3张，于是叫上5♣。在闭室中，西一直没叫牌，致使南北叫成3NT也是正常的。但是庄家一上来就输掉五墩牌。

陈厚铭先生总结说："这是由于开室美国队西的盖叫而使巴队叫成三个可能成局中的最好定约（5♣）。"

理论点解析

（1）世锦赛公报是这样评析的：

开室，麦克斯特罗斯年轻时，持西这手牌会争叫阻击性的2♥，现在中年了，他的头脑会冷静一些（所以仅作1♥争叫）。南北方在有局情况下约定开叫1NT为强无将牌力，所以Fazli需要选择1阶花色开叫。他选择了准备性1♣开叫，而不是更典型的Acol体制的1♠开叫。巴队在对抗1阶争叫时使用否定性加倍，所以Munir的2♥扣叫否定有♠套，暗示♣有长度且逼叫进局。越过罗德威尔的3♥，Fazli显示自己的♠牌值，希望同伴提供某些有用的信息。当Munir不能叫进3NT时，Fazli继续加叫到成局的5♣，给予同伴坚定的支持。做庄没有任何困难。

闭室，南北叫牌未受任何干扰。对5张高花开叫体制，1♣开叫是标定的。2♣应叫是低花反加叫，逼叫一轮，Arnold必须在止张显示叫和低限平均牌型的2NT叫之间选择。

倘若，他选择叫2◆，Solodar将继续叫出2♠，搭档间的契合会很好地规避3NT定约。然而，对于2NT叫品，Solodar自愿地、自动地加叫到3NT。首攻♥3，定约宕一。

如果麦—罗组合不争叫，姆—法组合会叫进5♣或4♠定约吗？他们没有逼叫性♣加叫装置，因此难以避免阿—索组合的命运。对麦—罗组合来说，真是淹死会水的。

（2）本例给读者展示了诸多理论节点：

a. 低花反加叫的后续叫方案；

b. 再叫2NT的重点内容；

c. 当对手方探寻最佳定约时，要不要自动送上一个凳子？

d. 漫谈Acol体制在本例中的叫牌变化。

（3）理论节点a说明低花反加叫概念结合止张显示叫在1981年已经是成熟的叫牌装置，但从本例来看，即使大师们也可能没有研究透彻。以1♣-2♣为例，后续叫设计如下：由低往高依序显示止张花色；2NT为低限，未叫花色均有止张；3♣为低限，♣可能更长，未叫花色最多一门有止张。如果Arnold选择2◆显示叫，后续的2♠叫牌明确表示♥无止张，则3NT定约的悲剧自然可以避免。

但是善挑刺的读者会说，万一对方♥是4-4分配，开叫方没有十一个赢墩做不成5阶低花定约，岂不错失3NT定约？另外，快速叫进3NT，即使防守方♥是5-3分配能够快速打宕定约，但为何未能首攻准确呢？笔者认为，还存在着庄家1♣开叫后下家没有做一盖一争叫、首攻者的牌技水平、自我感觉该摸叫3NT等因素，可以影响或制约叫牌进程与结果。就像足球是圆的一样，桥牌竞技也有上帝之手。

（4）早期，Standard标准体制、Goren体制与Acol体制的特点之一是显示牌力优于显示牌型，显示牌张长度优于显示牌张强度。所以在低花反加叫中，再叫2NT的含义就偏重于优先显示平均牌型，优先显示非超低限牌力。阿诺尔德最终选择2NT再叫可能就基于如上惯性思维。

（5）对理论节点c的回答当然是否定的。或者，换一个答案，要送上一个缺腿的凳子或者缺踏档的梯子，前者会因为疏忽大意摔倒，后者会踏到高处发现缺踏档下不来了。一般而言，实施一个争叫，争叫者必须明确该争叫的战略意图是什么。

建设性的：

为己方寻求一个适度的定约；

为己方寻求一个可牺牲的花色配合；

为己方提示一个合理有效有利的首攻花色。

破坏性的：

挤压对手方的叫牌空间，从而干扰对手方；

混淆对手方对某门花色大牌分布的判断；

干扰对手方事先设定的约定叫进程。

当然这些普遍原则普通牌手需要熟悉，同样重要的是还应在有利局况下使用，避免招致重大罚分损失。当然，现代桥牌竞叫理论可以扩展成一本厚厚的专著，这不是写作本书的目的。

结合本例麦克斯特鲁斯的♥套质量较差，牌力较弱，既不能抢得一个低阶定约，又不一定能产生让同伴首攻♥的作用，因此1♥争叫成效不大。事实也证明了这一点，就是这个凳子让对手方安全地叫进5♣定约。那么，从挤压对手方叫牌空间来考量，基于有利局况，试问跳争叫2♥是否属于好主意？公报的评析透露了些许，认为麦氏步入中年，杀气少了。评析结论以中文直译：执剑而生，死于此剑（Live by sword, die by the sword），不是吗？

（6）理论节点d讨论来源于巴队使用的Acol叫牌体制。这个体制脱胎于英国的克伯森体制，当Goren体制流行于美国时，Acol被英国牌手所接受。通常来说，两种体制都奉行4张高花开叫原则。就本例而论，如果Fazli以♠AQ63的4张套合格开叫1♠，西家就不会参与竞叫，北持♣KQ9854、13HCP则肯定应叫2♣。续叫对开叫人Fazli来说就很简单，2NT显示平均牌型且低限，那么3NT的命运将会与Arnold一样。

然而，Acol现代流派也不特别主张持单一4张高花套作1阶高花开叫，认为可以1阶低花准备叫启动开叫；1NT开叫不是强无将开叫，4张高花套开叫后再叫同级无将时牌点相对较高，这样本例的弊端就可避免。查阅20世纪80年代与90年代Acol体制的专著，这个体制也转变为1阶高花开叫保证5张套，几乎与Goren体制现代流派相类似。共同的趋势是使用者相对减少。对1♠开叫、2♣应叫后的续叫，笔者强烈建议报花色有止张应当优先于报牌力或牌型，这样本例叫牌演变将如下：

西	北	东	南
		—	1♠
—	2♣	—	2♦①
—	2♠②	—	3♣
—	3♥③	—	4♣
—	5♣	=	

注：①♦有止张，也许4张套；

②♠有3张支持（第一应叫未直接支持）；

③第四花色逼叫，♥无止张（有止张宜叫3NT），逼叫一轮。

牌例 13

来源

总第7期（1986.3，P5）
第1副　北发牌　双方无局

```
                ♠ A K 10 8 2
                ♥ A 6
                ♦ 10 5 2
                ♣ K 7 4

♠ Q 9 6 3              ♠ 7 4
♥ 5 3 2        北       ♥ K J 10 7
♦ A Q J 8 3  西  东     ♦ K 6 4
♣ 2            南       ♣ A 10 9 5

                ♠ J 5
                ♥ Q 9 8 4
                ♦ 9 7
                ♣ Q J 8 6 3
```

开室	西	北	东	南
	陆琴	陆玉麟	李曼苓	王俊人
		1♠	—	1NT
	—	—	×	—
	2♦	×	=	

50

闭室	西	北	东	南
	谭宗尚	张亚兰	沈福庆	古玲
		1♠	=	

回顾

开室南北采用标准叫牌体制，南对北的1♠应叫1NT表示6~9点；东的"加倍"是平衡性质的（即有明显迹象表明双方的实力已呈均势状态下的争叫）；以下北"加倍"南罚放显得凶了一些（正常的是南再叫2♠），结果无风起浪，2♦定约上一。

闭室南北采用精确体制，北同样开叫1♠，南"不叫"表示0到7点牌；因西家未作平衡争叫，北做1♠定约。东首攻♥J，……定约上二。

理论点解析

读者们都会奇怪，在如此平淡的牌例上，当年公认的全国首强上海队会出错。现在解析如下：

（1）近百年的桥牌发展史上涌现出林林总总数十种叫牌体制。大浪淘沙，目前被大众牌手、专业牌手和大师认可并采用的，虽然修订改良版很多，但都大同小异，就大类而言没有几个。我们用真叫与假叫、无限与有限、强叫与弱叫三种标准来分类，所有的叫牌体制无非都是这三个维度构成的叫牌空间中的某一集合。从这个观点出发研判各类叫牌体制的特点，方能透彻贯通某一种叫牌体制的本质与优缺点。在桥牌博弈过程中巧加利用，可以巧取得分智胜对手。

（2）王—陆大师组合采用标准叫牌体制，可以归纳为真实无限强开叫体制。1♠开叫的牌力可以开放至21HCP，最低也不少于12HCP，♠套保证不少于5张。如果叫牌Pass到第四家，是否平衡就很关键。第四家牌手的首要判读是不能送给对手重开叫调整定约的机会。古一张组合采用精确叫牌体制，可以归纳为真实有限强开叫体制。1♠开叫的牌力局限在11~15HCP有限范围内，♠套保证不少于5张。

两相比较，区别在于一个宽泛开放到21HCP，另一个拘束在小于等于15HCP范围内。这就决定了对于前者处于直接争叫位置的东家暂时不敢做技术性加倍，而对于后者的东家以持11HCP不符合技术性加倍标准而"自愿"保持沉默。表象都是Pass，内心并不相同。当王大师应叫1NT而陆大师放过时，东作出平衡性加倍，因为此时才判定北的牌力范围大约为12~13HCP；可当张大师的1♠被古大师放过后，西家为何不做平衡性2♦争叫呢？这只能说明谭牌手忽略了精确体制的有限叫特性。

（3）这里再来讨论，当对手方平衡性加倍，右手方叫出2♦时，陆大师是否应作合作性加倍（Cooperative Double）？查《审定桥牌百科全书》，合作性加倍是指让同伴可以选择不叫而变成罚放或选择进一步叫牌的加倍。但对加倍人的牌力，词条又作进一步的论述："这种类型的加倍能够以很多不同形式出现，但是在一切情况下，加倍人都总是已经以其叫牌对他的牌力作出了限制，表示他不可能保证将对方的定约击败。"好了，现在一切都明了了，对1NT应叫作Pass的开叫人已经将自己的牌力明白地限制在12~13HCP范围，而1NT应叫的牌力范围为6~9HCP。那么，显而易见的结论是，当应叫人持6~7HCP要将定约调整为2♠，或者在持5张♥时转叫2♥；当持8~9HCP时可以作出罚放，即将同伴的合作性加倍转换成惩罚性Pass。王大师在本例没有抓住合作性加倍的真谛。

（4）笔者再给普通牌手一个基本原则，希望能够牢记并遵守。在2阶千万不要轻率地与对手方对赌加倍，因为现代桥牌竞技中，做庄水平已经相差无几，防守能力则专业牌手仍远远强于业余牌手。

（5）合作性加倍的某一类又被称为选择性加倍（Optional Double），表示均型牌，具有足够在各种可能情况下击败定约的大牌力，并且对未叫过的花色均有支持。加倍人的同伴并不需要在对方的将牌花色中有长度才可以不叫，加倍人是希望他不叫的，但当他持非均型牌，并有一个好的长套时，则应该叫牌。在本例情况下，如果陆大师Pass，当王大师持♦Q9且合计8HCP时，作出的加倍就成了选择性加倍。此时首攻♣，估计2♦定约就打不成。

牌例 14

来源

总第7期（1986.3，P8）
第20副　西发牌　双方有局

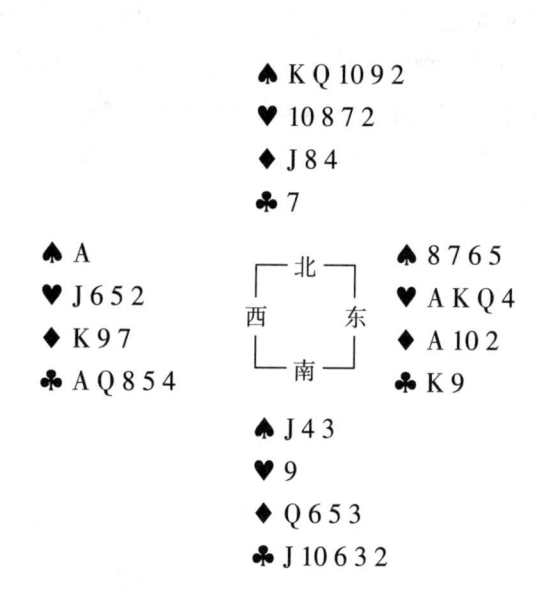

```
              ♠ K Q 10 9 2
              ♥ 10 8 7 2
              ♦ J 8 4
              ♣ 7
♠ A                         ♠ 8 7 6 5
♥ J 6 5 2       北          ♥ A K Q 4
♦ K 9 7      西    东        ♦ A 10 2
♣ A Q 8 5 4     南          ♣ K 9
              ♠ J 4 3
              ♥ 9
              ♦ Q 6 5 3
              ♣ J 10 6 3 2
```

回顾

　　开闭室双方均做6♥定约，区别在于开室由东上海队陆玉麟做庄，闭室由西女联队陆琴做庄。开闭两室都首攻♠，东做庄利用明手将吃两次♠完成定约；西做庄选择树立♣的做庄路线，定约下二。

理论点解析

普通牌手做庄时，往往有一种心理倾向，那就是总看着自己的一手牌计算赢墩、细致谋划，试图以自己的牌为主做成定约，很少拓宽眼界，以明手的牌为主，分析计算完成约定。在做庄理论中，就分为以暗手为主的打法（Declarer Play）与以明手为主的打法（Dummy Play）两大类。另外还有一个称之为Dummy Reversal打法的术语，也需要进一步说明。

（1）由于桥牌早期的叫牌尚处于萌发阶段，流行的体制普遍为真实叫牌体制，即持长套花色的一方尽量首先叫出自己的长套花色，从而定约人基本是持长套将牌的牌手。持长套将牌容易控制局面，从而牌手渐渐养成以长将牌的那手牌思考、分析、计算、谋划打牌方法与路线，也就是惯于从暗手角度计划做庄。

（2）这样一来，以暗手长将牌吃掉将吃，用明手短将牌控制局面的打法，就成了新颖技法。Dummy Reversal一词，周家骝先生译为"反桌为主"，通常又称反明手打法，仍然保留暗手为正、明手为反的倾向。《审定桥牌百科全书》释义：把明手牌变为主要牌的做庄打法。一般说来，只有用将牌较短的一手的将牌进行将吃才是有利的。但是在"反桌为主"打法中，有时候能够用暗手较长的将牌进行将吃，从而额外多得到牌墩，并且以后可用明手的将牌来把防守方的将牌清出。请读者注意，这种打法仅在使用长套将牌将吃到将牌张数少于短套将牌张数时，才能增加赢墩数，所以这种打法只是特殊做庄打法。

（3）现代桥牌体制的蓬勃发展，产生出一种人工叫体制，也就是俗称的假叫体制。另外，充实大量约定叫的所谓"科学"体制也被广大牌手采用。桥牌实战中，持长套将牌的牌手有时并不能成为定约人，也就不能做庄。因此，以更公允的角度考察打牌技法，还是把这两种打法称为暗手为主打法和明手为主打法更具理论性，也更便于牌手阐述和理解。例如，明暗方两手牌为等长时，用正桌与反桌论述牌战就容易混淆。

（4）请读者注意，以上论述均围绕有将定约的打法。事实上，在做无将定约时，既能分别从明、暗两手的角度观察分析和计算失张与赢墩，也能作出暗手为主打法或明手为主打法。更有甚者，可以同时切断明暗方和防守方的桥路，通过投入打法，由明手或暗手独立赢取足够的赢墩数完成定约。限于本例篇幅，在以后的实战牌例中会作更具体的介绍。

牌 例 15

来源

总第7期（1986.3，P13）
第72副　西发牌　双方无局

```
              ♠ 2
              ♥ 10 8
              ♦ A K Q 10 8 5 2
              ♣ 6 4 2
♠ Q 9 8 7                      ♠ J 5 4
♥ A Q 9 6 4     北              ♥ J 3 2
♦ 6           西   东            ♦ J 3
♣ K 9 7         南              ♣ A Q J 5 3
              ♠ A K 10 6 3
              ♥ K 7 5
              ♦ 9 7 4
              ♣ 10 8
```

开室	西	北	东	南
	Solodar（美）	Masood（巴）	Levin（美）	Zia（巴）
	2♦	—	2♥	—
	—	3♦	3♥	—
	—	4♦	=	

闭室	西	北	东	南
	Munir（巴）	Meckstroth（美）	Fazli（巴）	Rodwell（美）
	1♥	3♥	×	3NT
	—	—	×	—
	—	××	=	

回顾

本牌例仍是美国与巴基斯坦队在1981年世锦赛决赛的实战，《桥牌》杂志连载两期。

开室东不本手攻♥，而首攻将，让庄家成约。"在闭室，美国队北在西开叫1♥后跳叫3♥，表示他有一个坚强的长套，要求同伴如果在♥和另外两套上有止张就叫3NT。东加倍，表示他在♥上和同伴有一些配合。南由于有♥K，并且在♠上有坚强止张，因此叫出3NT。当叫牌轮到东时，他认为南做不成3NT定约，因而加倍。南虽然♣无止张，但也只好一拼。而北断定同伴可以拿九墩牌，因此他再加倍，而其他人竟会都没再叫牌。32IMP（3150分）就赌在首攻了。西在长时间思索时，比赛室内空气极为紧张。如果他首攻♥，庄家就得到了950分；如果他首攻♠，庄家可得750分；但是，如果他首攻♣，那么防守方就可先拿到10墩牌，而使南北方输掉2200分。西经过长时间的考虑后，他首攻♠。这样美国队就胜了12IMP。"

理论点解析

（1）2♦开叫是美国宾夕法尼亚州威廉·弗兰纳雷（William Flannery）设计的一种开叫，表示持有11-15HCP，有5张♥和4张♠。在只有11HCP时，必须包含有两个半防守赢墩。

此后，在2阶水平上的高花应叫均为示弱止叫，但开叫人在高限且有一低花缺门时，可再加叫一副；跳应叫高花为邀叫；跳应叫4♣和4♦是要求分别转移到4♥和4♠的关局叫。如果应叫人在3阶水平叫出一个低花，开叫人若对这个花色有配合时（A或K双张或Q三张）即可叫3NT。2NT应叫是要求开叫人进一步明确显示牌力和牌型。这时，开叫人再叫3♥表示11~13HCP；再叫3♠表示14~15HCP，且两个低花各有2张（或在持14~15HCP，牌力集中在双张低花上时叫3NT）；再叫3♣/3♦表示所叫花色♣/♦为3张；再叫4♣/4♦表示所叫花色♣/♦为4张。也有牌手采用弗兰纳雷2♥开叫代替2♦开叫的。

美国队Solodar的2♦开叫就是弗兰纳雷2♦开叫。

（2）巴基斯坦队的Munir不采用弗兰纳雷2♦开叫，标准地开叫1♥。Meckstroth跳扣叫3♥无疑是赌博性的，意味着有一长套，但他对另外两门花色应当承诺一门有止张，因此希望同伴在开叫花色与另一门花色有止张时叫进3NT。评论分析中，要求三门都有止张才叫3NT的猜测似乎不够贴切，因为，北家的长套花色不明朗。对加倍3♥的评论分析在传统意义上还是对的，但是在本例中无济于事。Rodwell叫进3NT不能算错，即他猜测同伴在两门低花上，一门坚挺，一门有止张。北意识到他的叫牌有些没边没沿，就是一个捣浆糊的，因此，他的再加倍虽然不是明确的SOS求救信号，但也是对3NT能否做成的"怀疑显示"加倍。现在对Rodwell来说只有豪赌一场了。

事后，Munir在印度桥牌杂志上承认自己首攻失误，但他解嘲地提及Hamman大师在一次对抗大满贯定约时也同样首攻失误。

（3）这个典型牌例在《桥牌》杂志上仅是一个报导，作者陈先生也未作深入分析。笔者查阅资料找到了王建坚先生的一些评论。请读者翻到王先生的《现代竞争叫牌——分析与综合》专著（成都时代出版社，2014年版）第291页。王先生评说道：

1）此时是否应该不叫？

以我们尽量不放对方打这类3NT的原则来说，持单张方块且同伴有红心配合时应抢叫4♥而不是不叫。实际上对方的3NT、4♦都只有在不易找到的梅花首攻之后才可能宕，西4♥在对方有黑桃将吃时也才宕一。

2）此时加倍是什么含义？

本系统约定，在有两个或以上花色可供选择时，首攻指示性加倍是要求首攻高级花色。比如对方1NT开叫、3NT应叫后加倍要求首攻黑桃，或对方Splinter应叫后加倍要求两个未叫花色中的较高花色。

如果使用上述约定，东家在希望黑桃首攻时才会加倍，而在希望梅花首攻时则应不叫。西家在明知北家有方块长套而南家有红心止张时，应该会排除红心首攻，并进而以同伴未加倍为线索选择梅花首攻。

王先生同时补充说："这个著名的战例曾被各类典籍引用过很多次，但是讨论的重点往往集中在对再加倍的定义与使用上（我们也未能免俗，见《现代竞争叫牌》附录中的例6）。"

笔者查到同书第412页，王先生在解释惩罚性再加倍时说："在两种情况下再加倍明确是惩罚性的。一是我方已不可能打其他定约；二是在对方首攻指示加倍的花色中持缺门，通过再加倍阻止同伴逃往其他定约。"

笔者仔细阅读，取得如下信息，并存如下疑义：

a. 王仅评论东家的第二个加倍为首攻指示性加倍，对第一个加倍是什么含义呢？是支持性加倍吗？若是，要采取牺牲措施吗？

b. 对于首攻指示性加倍，仅约定按普适性原则首攻，还是确有针对性？若不能确定，后续对策是牺牲还是接受（存在局况因素）？

c. 牺牲叫是在找到合适首攻后方才放弃，那在找到前能否提前决定？

d. 攻防双方在♥花色上的大牌对抗结构不能仅按本例固定，要研究不同攻防结构的相应竞叫，恐怕在未解答前三个问题前很难弄明白。

笔者希望中国广大桥牌高手集思广益。

（4）笔者承认在如此激烈对抗的牌战中，谁也无法保证首攻百分之百准确，特别处于巨大的风险危机时。但是现代桥牌理论就一筹莫展了吗？

笔者在教授桥牌时，曾经问过初学牌手和普通牌手："防守从何时开始？" 大部分答案是从首攻开始。笔者说：错！大错！！防守从叫牌开始！！！

所以笔者要责疑3♥后的加倍这个叫品，仅仅表示"在♥上和同伴有些配合"有意义吗？面对一个企图进局的询问性扣叫，在张数上支持同伴，能挡住对方不回答叫询问吗？在这里有否扣叫花色大牌才是攻防双方最关心的节点。

现在笔者推荐一种思路来探寻防御路线：a. Pass——表示对扣叫花色上有大牌支持；b. 加倍——表示对扣叫花色无大牌支持。前者似弱实强，后者似强实弱，采取了与习惯相反的逻辑思路。这样，当南叫进3NT后，东再以Pass表示低级别花色有大牌，以加倍表示高级别花色有大牌。结合本例，东在♣上有大牌，他就Pass（前一个加倍已经显示♥上无大牌）建议同伴首攻♣。如果东的♣A与南的♠A互换，东就加倍3NT（暗示高的花色有大牌），建议同伴首攻♠。西首攻♠后，东用♠A进手穿攻♥，就把定约打宕了。

笔者将这种对扣叫的加倍起名之为首攻探询性加倍。

牌 例 16

来源

总第7期（1986.3，P13）
第91副　南发牌　双方无局

```
              ♠ A 9 4
              ♥ A K 9 6 5 2
              ♦ J
              ♣ A 7 4
♠ Q J 2                      ♠ 3
♥ 10 8        北              ♥ Q 7 4
♦ 8 7 6 3   西  东            ♦ K Q 10 9 5 2
♣ K 9 8 2     南              ♣ Q J 5
              ♠ K 10 8 7 6 5
              ♥ J 3
              ♦ A 4
              ♣ 10 6 3
```

开室	西	北	东	南
	Meckstroth（美）	Masood（巴）	Rodwell（美）	Zia（巴）
				2♠（2♦）
	—	2NT	—	3♠
	—	5♠	—	6♠
	=			

闭室	西	北	东	南
	Nishat（巴）	Levin（美）	Nisar（巴）	Arnold（美）
				—
	—	1♥	2♦	2♠
	—	3♠	=	

回顾

我们仍在讨论1981年世锦赛决赛牌例。

在开室，在开牌冒叫之后，巴队南从他的角度来看，很快地叫成满贯。要是西家不首攻♣，而首攻其他花色，南家就会轻易地做成定约，他可以树立明手的♥长套，而只丢失一墩将牌。真倒霉，西正是首攻♣。当兑现两墩将牌AK后，知道将牌必失一墩。庄家寄希望西持有♥Q10×，这样两次飞♥后，可把♣输张垫在♥上，可惜飞牌失败。

在闭室，由于Arnold-Levin组合误解而没有叫进局。北认为3♠逼叫，而南却不认为是逼叫。

查阅世锦赛公报，《桥牌》杂志印刷错误，Zia开叫2♦而不是2♠。另外，作者陈厚铭先生评论"开牌冒叫"没有依据。公报称6♠定约是合理的（Reasonable）。

理论点解析

（1）本例理论点的分析并不针对开室的6♠是否合理或哀叹将牌偏分的运气不佳。本例闭室1♥开叫、2♦争叫后的2♠抗干扰叫涉及竞叫的二盖二盖叫理论，笔者尝试发表粗浅的意见。

对于1阶争叫的抗干扰叫，理论发展经历了早期、中期与近期三个阶段。

（2）早期叫牌理论偏重于对牌力和大牌的强调，当对手方对己方1阶开叫作出争叫（Overcall）后，应叫人抗干扰叫的重心放在优先告知开叫人，己方联手牌力是否强于争叫方。由此，引入积极性加倍（Positive Double）和积极性自由叫（Positive Free Bid）的抗干扰工具。这种积极性牌力的基础为9HCP，即开叫人以12HCP作1阶开叫，12+9=21HCP，联手牌力已大于争叫方。所以，积极性加倍一般表示≥9HCP，平均牌型；自由叫1NT一般表示9~11HCP，争叫花色上有止张（Stop Card）；一盖一自由叫花色表示9~11HCP，5张套；二盖一自由叫花色表示≥11HCP，5张套，逼叫一轮。当然，对于对方的技术性加倍（Takeout Double），再加倍也是积极性的，表示牌力不少于9HCP。

（3）随着大量牌手对桥牌的认识由"游戏"转向"运动"，争叫与抗干扰叫的对抗强度也转而激烈化。抗干扰叫的"积极性原则"转向"消极性原则"，即开叫方联手牌力需强于争叫方联手牌力的理论转变为"不弱于对方原则"的中期抗干扰叫理论，消极性加倍（Negative Double）+消极性自由叫（Negative Free Bid）模式大行其道。与"积极性原则"相比，抗干扰叫的牌力基础从9HCP调低至7HCP，粗略地说，联手牌力允许稍弱于20HCP。

另需解说的是，第三版《审定桥牌百科全书》中文版对消极性加倍（Negative Double）译为示弱加倍，以及坊间称之为否定性加倍，均不如消极性加倍更合适。因为这与

读牌例　长牌技

积极性加倍属于对偶性概念，作为理论术语更合理。另外，第三、四版桥牌审定百科全书的词条解释基本相同，但在第五版中，增加了许多内容，对抗干扰叫牌力范围的分级及后续叫均作出说明。

（4）近期阶段，由于有限叫体制的创立与发展，以及欧洲桥牌叫牌体制的"模块化"潮流，抗干扰叫理论中的消极加倍+消极性自由叫模式有所应变，又流行出一种消极性加倍+积极性自由叫模式，被广大牌手采纳。消极性加倍的牌力至少有7HCP，积极性自由叫的牌力至少有9HCP，且大部分牌张不能由分散的Q、J组成。

同样需要说明的是，坊间对这种积极性自由叫俗称为强自由叫。笔者认为从理论角度考量容易引起误释。碍于篇幅，本书将在之后相应的牌例中解析。

（5）读者如能细致解读，可以发现上述解析几乎都是针对一盖一或二盖一抗干扰叫叙述的。闭室的叫牌过程是1♥–2♦–2♠（抗干扰叫），在形式上我们称其为二盖二抗干扰叫。南家Arnold认为他的2♠是不逼叫的，北家Levin认为他的3♠是逼叫的。究竟谁对谁错呢？

笔者认为，两人最大的误解有两点。第一就是上述论及的抗干扰叫模式，看来Levin是采用消极性加倍+消极性自由叫模式，而Arnold还在采用积极性加倍+积极性自由叫模式。Levin认为2♠不是示强叫，3♠也属于示强性邀请叫，如果同伴仅是消极性自由叫，那么Pass无可厚非；Arnold认为2♠是积极性自由叫，3♠属于自由加叫，自己的牌力已叫足，而且在敌花色上持♦A，所以应该放弃进局，造成失局结果。但是笔者认为Levin的想法仍不够全面。首先，为何不试试3♦扣叫呢？如果同伴Arnold在♦上无止张，则对方在♦上联手9HCP，♦大牌仅能赢得一墩，4♠显然成功机会很大；如果同伴♦上有止张，3NT也不是很差的定约，毕竟仅需九个赢墩就可获得局分，叫牌理论中似乎没有高花配合就不能定约3NT的禁令。其次，Levin再叫3♣属于3阶叫出新花色，逼叫一轮，同伴不允许放过，同时，也有机会分析搭档3♦、3♥、3♠的叫牌。无论Arnold以后加叫♣到任何阶位，Levin都可以调整到同级♠花色。

第二，2♦–2♠形式的抗干扰叫，从理论上应定义为二盖二抗干扰自由叫。由于对方已经作出二盖一争叫，挤压了叫牌空间，在不能对开叫花色作自由加叫的情况下，持有限牌力长花色套的牌手必须赶紧参与叫牌，优先作出二盖二抗干扰叫。这种二盖二叫牌的牌力范围是有限的，即7-11⁻HCP。另外，从形式上，这种二盖二抗干扰叫还分在再叫开叫花色之上与之下两种情况。例如，1♥–2♦–2♠与1♥–2♣–2♦，前者越过2♥线，后者未越过2♥线，俗话也叫自由加叫上出套与自由加叫下出套。显然前者2♠的牌力应稍强一些，后者2♦的牌力可稍弱一些。在本例中Levin持16HCP，♠有3张一大牌支持，直接叫进4♠，就是正确理解有限二盖二抗干扰叫的表现。

小知识

Negative Double（消极性加倍）是美国牌手阿尔文·罗斯（Alvin Roth）和托比亚斯·斯通（Tobias Stone）在1957年提出的，这种消极性加倍成为罗斯-斯通体制的特点之一，即把直接性惩罚性加倍转圈为先技术性加倍后惩罚性放过。因为，同年苏联发射了第一颗人造卫星绕地飞行，该卫星俄文英音为斯波特涅克（Sputnik），故该种加倍又被称为Sputnik加倍（卫星式加倍）。

罗斯-斯通体制，由光明日报出版社1992年出版中文本《RS体系：桥牌是搭档的艺术》。

1991年，罗斯将RS体系作了较大改动，以适应新世纪的潮流，并取名为形象叫牌法（Picture Bidding）。蜀蓉棋艺出版社1997年出版了中文本《21世纪流行叫牌体系——形象叫牌法》。

牌例 17

来源

总第8期（1986.4，P21）
第159副　南发牌　南北有局

```
             ♠ Q 9 5
             ♥
             ♦ K J 6 2
             ♣ Q J 9 7 5 4
♠ J 10                    ♠ K 8 6 4 2
♥ A J 7 4 3               ♥ K Q 9 2
♦ A 9 8 7 4 3             ♦ 10 2
♣                         ♣ K 6
             ♠ A 7 3
             ♥ 10 8 6 5
             ♦ Q
             ♣ A 10 8 3 2
```

开室	西	北	东	南
	Cintra	Martel	Barbosa	Stansby
				—
	—	—	1♥*	—
	2♥	—	4♥	—
	5♣	—	5♥	=

69

闭室	西	北	东	南
	Hamman	M·Branco	Wolff	P·Branco
				—
	1♥	2♣	4♥	5♣
	5♥	—	—	6♣
	—	—	×	=

回顾

这是1985年秋季百慕大杯世界桥牌锦标赛半决赛中，美国队对巴西队的牌例。

开室中巴西队叫到5♥定约一下。

闭室中，南勇敢地叫上了小满贯6♣被加倍，由北M.Branco做庄。东首攻♥K，北将吃后出♣Q，东出♣6，庄家正在思考的时候，看电视转播支持巴西队的观众按捺不住大声叫"飞"！但是M.Branco没有听见，他用♣A盖吃，因此定约下一。

*对于本例，开室东Barbosa开叫1♥，笔者原以为东西方使用特有的开叫体制，设计有先短后长的开叫方式，但对西先作2♥简单加叫，在东4♥进局关叫（Game-Closing Bid）后，西又扣叫5♣迷惑不解，因为西的先示弱后示强叫法于理有悖。

查阅世界桥联1985年世界锦标赛公报，发现《桥牌》杂志印刷错误，实际是东1♠开叫误植为1♥开叫。至此，西的2♥应属二盖一应叫，4♥后扣叫5♣就属于合情合理，特予更正。

理论点解析

（1）桥牌防守理论中有一个术语——态度（Attitude），

指一个牌手对其同伴攻出或继续攻出的花色，所显露出的感兴趣或缺乏兴趣，通常以鼓励或不鼓励信号表示之。这个术语，同样可以适用于叫牌过程中，即对同伴的叫牌作出鼓励性叫牌或不鼓励性叫牌。西已经做过不开叫，对东的1♠开叫叫出2♥，这已经属于鼓励性的叫牌。在东做了4♥成局关叫后，西没有理由再次表示感兴趣的态度。用桥牌圈俗语叫枪口自行抬高一寸，也就是子弹将射不到标靶。倘若东西做4♥定约成功，这副牌巴西队将净胜6IMP，半决赛160副，总积分巴西队将由342IMP上升为348IMP，美国队将由351IMP下降为345IMP，巴西队将与奥地利队决赛冠亚军。实际总积分排序为奥地利队434IMP，美国队351IMP，以色列队346IMP，巴西队342IMP。西应当尊重搭档，他在西Pass后再2♥应叫基础上作出了4♥成局关煞叫决定。

叫牌态度——笔者赞成中文译名姿态——形式上可以分规范（Normal）、先倨后恭（Strong-Week）和先恭后倨（Week-Strong）三种，将在后续牌例中介绍。

（2）闭室面临的问题是北M•Branco如何完成他兄弟勇敢叫上的6♣满贯定约。查阅1985年百慕大杯赛世界桥联的公告，庄家问了东Wolff，当南叫6♣后西Hamman的不叫是否是逼叫性的，答复是不逼叫的。把成功做庄放在对手方"正确、准确"的答复上，显然使成功的小舟偏离了航向。庄家第二轮出将牌Q，东放上♣6，明手盖上♣A企图打下西的单张♣K，定约下一。本例的教训是，永远不要从防守方的答复中寻求成功的希望！

笔者介绍一个做庄工具探查打法（Detective Play）。其实，庄家没有必要在第二轮就清将，它可以先从暗手送出小♦到明手的♦Q，看一看♦A在哪一家。西家用♦A得墩，庄家就有机会看一看他的回攻。当庄家第二次将吃♥到暗手，他还有机会考量如何打对♣K。庄家还要认真分析：东对北2♣作出4♥成局关叫，西没有理由认为东在作牺牲叫。如果西持♣K单张，他的5♥叫牌与Pass有啥区别？他在♠、♦、♣均有失张的情况下没必要先行叫进5♥，除非他的♣是缺门，他才有可能在同伴认为基本有4♥的基础上加叫到5♥。另外，作为辅助证据的是北先作2♣争叫，东在持♣K×的情况下才"有把握"加倍这个不羁的6♣定约。反过来，如果送出的♦必失张被东用♦A得墩，那么当♣Q出牌东放♣6时，庄家才有理由盖上♣A，打防守方♣1-1分配。

　　探查打法是一个很有效的做庄工具，但介绍这种打法的书中比较强调明显的有效结果。对信息痕迹很浅的牌局，若有机会也不要放过探查机会，这是普通牌手值得记取的知识点。本例中的送出♦打法，有时也称之为送出必失张打法，可用来调整打牌的节奏。笔者在后续的牌例中希望能找到机会进一步阐述。

牌 例 18

来源

总第8期（1986.4，P22）
第54副　东发牌　东西有局

```
                ♠ K Q J 10 5 3
                ♥ J
                ♦ A Q 8 2
                ♣ A J

♠ 9 8                           ♠ 6 4 2
♥ Q 9 8 3         北            ♥ 2
♦ 10          西       东        ♦ J 9 7 5 * 4 3
♣ K Q 9 8 7 4     南            ♣ 5 3 2

                ♠ A 7
                ♥ A K 10 7 6 5 4
                ♦ K 5
                ♣ 10 6
```

开室*	西	北	东	南
	奥地利队	美国队	奥地利队	美国队
	Terraneo	Ross	Fuaik	Pender
			—	1♥
	1NT	×	2♦	4♥
	—	4NT	—	5♣
	—	5♦	—	5♥
	—	5NT	—	6♦
	—	7♠	=	

*《桥牌》杂志所刊文章，没有另一室的叫牌过程，经查阅世界桥联1985年百慕大杯公报，本例是决赛阶段美国队与奥地利队对抗的第54副牌，现增添开室的叫牌过程。文章中所载开室叫牌过程实际是闭室，另东的♦5应为♦6。

开室	西	北	东	南
	美国队	奥地利队	美国队	奥地利队
	Martel	Feichtinger	Stansby	Rohan
			—	1♥
	—	2♦	—	3♥
	—	3♠	—	4♠
	—	4NT	—	5NT
	—	7♠	=	

回顾

公报赞扬决赛两队都叫到出色的7♠大满贯定约。顺便说一下，因Ross-Pender叫到并做成7♠定约而荣获1986年桥牌最佳叫牌奖——罗梅克斯奖。

闭室Terraneo的1NT是捣乱叫（有一长套可逃），施心理战术。之后北用罗马式黑木问叫，知道南家有♥AK♠A及♦K，所以北直跳7♠，北做7♠定约。东首攻♣3，西家出♣Q，北♣A得墩。庄家连续清将六轮及兑现三轮♦后，明手剩下♥AK10，西开始受挤，他必须保留3张♥。此时，他只能垫去♣K，希望东有♣J，庄家亮出♣J，完成7♠定约。

开室，因东西没有叫牌，南北顺利找到♠配合，在4NT问叫、5NT答叫后直接叫进7♠定约。

简单计算，只要东西♦分配不比5-2更畸形，将牌♠分配不比4-2更差，即使用♠A将吃第3张♦，定约也能安全做成。可惜，在出第二轮♦时，西将吃，定约宕了。

理论点解析

（1）闭室，西家对1♥开叫作1NT争叫，其前提是同伴已经不叫过，己方还有一个可以逃叫的♣套，但这种心理叫在低级别比赛中是否允许，普通牌手应有警惕。因此，在本例中，北家应当判定西家在诈叫。作为普通牌手，良好的举动不是去武断指责西家，而应安静地先询问一下1NT的含义，这叫记录在案。叫牌理论的一个重要章节就是熟悉规则。许多牌手热衷于打牌，从来不去熟悉规则，这既不利于提高桥技，也是不尊重规则的表现（从严要求自己）。

（2）闭室北通过4NT♥关键张问叫、5♦的♥Q问叫和5NT问K叫，已能判断己方有十二个赢墩，希望通过挤牌或其他打法做成大满贯定约，遂直接叫进7♠。笔者认为，西的1NT诈叫与东的2♦抢先逃叫，预示了牌张分配的非均匀性，直接叫进7♠并不合理，毕竟南有可能持单张♠A，转叫6NT更为合理。再说，6NT也并非最终定约，如果南持♣单张，也许他会扣叫7♣，这样7♠定约有明手短将牌将吃♣才更合理。

（3）细察本例，闭室实施的做庄手段是双向自动紧逼。对于普通牌手来说，他们都视紧逼为畏途，认为十分高深，是一门极为高深的战术。其实，各种各样讲述紧逼或称挤牌的书籍，介绍了众多方式的紧逼，使普通牌手眼花缭乱不知所从。笔者认为，下列书籍有助于普通牌手掌握紧逼战术。

《基本挤牌法》，台湾世界文物出版社，1975年出版，作者：Clyde E Love；

《挤牌简明指导》，知识出版社，1987年出版，作者：T.李斯、P.儒尔丹；

《桥牌中级教程》，人民体育出版社，1992年出版，主编：董齐亮、龚启英；

《桥牌高级教程》，人民体育出版社，2009年出版，主编：荆歌。

还想继续精研紧逼法的读者，可以再阅读如下书籍：

《高等挤牌法》，台湾世界文物出版社，1975年出版，作者：Clyde E Love；

《桥牌超级挤压法》，清华大学出版社，1986年出版，作者：王建华；

《桥牌紧逼技巧与实战运用》，蜀蓉棋艺出版社，1998年出版，编者：许根儒、森林、肖梁。

（4）掌握基本紧逼方法的牌手，在本例中不难从叫牌中发现，南北方在♥花色上没有配合，因此，♥桥路很脆弱。南持有♥AK，在♥花色上防守方要保留3张以上，而东家已能猜到西在♥和♣均受到威胁（♥是因为东仅单张，♣是因为西的1NT诈叫）。所以，针对7♠定约的首要任务，就是要切断南北方在♥上的桥路。当东首攻♥2后，读者再拆解本例四手牌，7♠定约做不成了。

读牌例 长牌技

牌例 19

来源

总第10期（1987.2, P8）
第27副　南发牌　双方无局

```
              ♠ 9 7
              ♥ J
              ♦ Q 4
              ♣ K Q 9 8 7 4 3 2
♠ A K Q 8 6 5              ♠ J 10
♥ A 2          北           ♥ 10 9 8 7 5 4
♦ K 10 5     西  东         ♦ A J 8 7 3
♣ A 10         南           ♣
              ♠ 4 3 2
              ♥ K Q 6 3
              ♦ 9 6 2
              ♣ J 6 5
```

I室	西	北	东	南
	台北队	阿根廷队	台北队	阿根廷队
	Lin	Monsegur	Yang	Alonso
				—
	1♣	5♣	5♥	—
	5♠	—	6♦	—
	7NT	=		

Ⅱ室	西	北	东	南
	阿根廷队	台北队	阿根廷队	台北队
	Budkin	Wei	Werdiger	Wang
				—
	2♣	5♣	5♥	—
	6♣	—	6♦	—
	7♣	—	—!	×!
	7NT	—	—	×
	=			

回顾

这是1985年世界威尼斯杯赛预赛阶段,中国台北队对阿根廷队的第27副牌。

Ⅰ室,北家首攻♣K,西家♣A吃进。出小♠到明手兑现♠J、♠10,出小♥进西手,兑现全部♠,明手剩下5张♦。再出♦K、♦10,北跌出♦Q,完成7NT定约。

Ⅱ室,北亦首攻♣K。阿队西看了明手的牌,她考虑如能飞到♦Q,那么7NT就能做成,想来南的♦张数应该比北多,♦Q在南的机会较大。所以她♣A吃进以后,立即出小♠进明手,出♦3,用♦10飞过。北♦Q吃进,连拿七墩♣,定约宕八墩。

这副牌中国台北队净胜22IMP。如果♦Q在南,那么中国台北队就该输17IMP,出入达41IMP之多!果真如此,阿根廷队总分将超过台北队19IMP,将以18:12VP胜台北队而进入半决赛。

理论点解析

（1）公报对Ⅰ室北的5♣阻击叫评议为"倾泻性"的，对Ⅱ室北的5♣阻击叫评议为"阻塞性"的。深究其意义，在于东西方使用的叫牌体制对强逼叫性1♣/2♣开叫的牌力范围有各自不同的规定。Ⅰ室东西方采用中华精准制，Ⅱ室东西方采用标准制，前者1♣开叫范围是≥16HCP、任意牌型，后者2♣开叫范围是≥22HCP、任意牌型。由此可见，对于1♣开叫实施5♣倾泻性阻击叫，完全来自于对敌方可能有高花配合的4♥/4♠定约的直觉与恐惧，是一种相对"癫狂性"行为；对于2♣开叫实施5♣阻塞性阻击叫，则是来自于对方基本有高花配合的成局或满贯定约的预感与判断，是一种"合理性"行为。

在此基础上，Ⅰ室东作出的5♥自由叫，也是基于开叫人可能持有稍高于16HCP牌力，双方赶紧谋求一个更具难度的成局定约；Ⅱ室东作出的5♥自由叫，缺乏探求满贯的意图，毕竟东有两门长套，且具有2个控制数（A=2, K=1Contral Numbers），另有♣缺门的潜质。Ⅱ室东还应考量叫牌空间被挤压，笔者认为加倍较为合理，扣叫6♣表达"两门可打"（Two Places To Play）较为激进（注意：基于2♣开叫）。

Ⅰ室开叫人的5♠属于自由性调整叫，结合强逼叫性1♣开叫，不仅提升了牌力基础（≥16HCP），而且表达了牌值计算依据输张计算法（Losing-Trick Count）。在此基础上，东就可以对自己的牌值进行重新估值（Revaluation）予以调整。此时，6♣扣叫将比6♦更有力度。就本例而言，7♠可能更好一点。

Ⅱ室开叫人的6♣扣叫表达了对东5♥自由叫的认可，因为2♣开叫后的2♥应叫表示♥花色上应该有2张大牌领头的5张套。在此前提下扣叫6♣无可厚非，但笔者疑惑的是为何不叫6NT？因为直接跳叫6NT表达了西家已经数到十二个赢墩，并持♦K形成安全做庄位置，如东持♦A，完全可以加叫7NT。问题在于，5♣阻击叫后的5♥与2♣开叫后的2♥应叫分析推理的前提与条件一样吗？但不管如何分析，两桌牌手均由西叫出了7NT定约。

公报给予两桌的叫牌过程一个极致的评价："极具挥发性。"

（2）本例给普通牌手理论启示的是Ⅱ室开叫人的7♣扣叫与东家的放过（Pass）。首先，7♣扣叫纯属不担当行为，原因在于开叫人并不确定6♦究竟是显示第二长套还是第一轮控制。倘若确定东显示有♦A，则7♣纯属搔首弄姿，直接叫进默认配合的长套花色大满贯即可；倘若确定东显示有♦第二长套，则♦A尚未确定，又何来7♣扣叫呢？其次，东已经放过7♣，南家又为何要放上红卡给西家再生的机会？笔者认为，幻想多得罚分是普通牌手常有失误的糊涂概念。给予敌方生的机会，就是己方损伤的开始。然而，就本例而言，机运的变幻莫测让南北方在庄家猜断♦Q失误时获得了更大的收益。可是对7NT加倍，又反映了南给了敌方叫出7NT机会后的张皇失措的心态。

（3）本例两桌庄家对♦Q的猜断不同，使7NT定约一成一宕。表面看，似乎是Ⅱ室庄家对南家两次加倍就主观认为红花色大牌都在南家，加上由于桥引的关系，必须早期实施偷飞南的♦Q，庄家就不顾万一飞牌失败将导致巨大罚分的后果而放手一搏了。

其实认真分析，笔者认为，本例做庄分析还是有迹可寻的。首先，♠、♥和♦三门花色，防守方联手都只有5张，没有理由认为只有♦是偏分的。其次，北家对2♣开叫立即实施阻塞性阻击叫，其阻塞方向多半是针对高级花色，而不是比♣高一级的♦花色。因此北家在高级花色上较短的可能性较大，可推理♦花色上较长。再次，庄家有♣10可以威胁北家，♥2虽小也对南家存在威胁作用，那么南北两家都很难保留3张♦，一个现存的紧逼态势是呼之欲出的。另外，在兑现♠长套时，南北两家因♥大牌需要保护（♥K、Q、J都在南北方），难免在♦上会露出破绽。就算挤牌失败，也不会产生更大的额外损失（另一桌也可能叫进大满贯定约）。结论是庄家应以平衡的心态实施紧逼打法，这样也就能做成7NT定约了。

小知识

精确体制逼叫性1♣开叫与标准体制强逼叫性2♣开叫的区别不仅是1♣开叫保证16HCP以上牌力与2♣开叫保证22HCP以上牌力的表面区别，更在于1♣开叫允许任意牌型分布，使后续叫牌更需要和在意搭档之间的多次信息交流。而对于2♣开叫，普通牌手并不能对其牌型分布给予明确的界定和区分，笔者拟给予下列析分。

标准制性2♣开叫可以大致分为强牌、好牌和畸形牌三类。

强牌是指保证牌力底线至少22HCP，向上开放，均匀牌型或有一长套或5-4/6-4牌型；

好牌是指保证持5-5以上两门长套，大牌点允许低于22HCP的4失张牌型；

畸形牌是指仅持一门超长套，大牌结构较好，不高于4失张，但大牌点不宜低于17HCP。

因此，对于2♣开叫的后续叫牌，更多情况下不需要搭档之间的频繁信息交流，或更在意某一方给出的某些特别信息，无论这些信息是询问性的还是显示性的。当然有时仍需要搭档之间的多次信息交流。

由于两种叫牌体制均只有唯一的逼叫性开叫，难以适应当今桥牌比赛中的高对抗性干扰叫与竞争叫。为此，笔者设计了一个双梅花体制，将逼叫性1♣开叫和逼叫性2♣开叫融合于一个叫牌体制。1♣开叫表明开叫人的牌值需要依靠大牌点计算法衡定，双方寻求合适定约的过程需要多次信息交流。2♣开叫表明开叫人的牌值需要依靠输墩计算法来衡定，开叫人仅需要应叫人能够提供必要的某种特定信息即可决定定约的走向。

以上介绍，希望有助于普通牌手对叫牌的加深理解。

♠♥♦♣

牌例 20

来源

总第11期（1987.3，P19）
南发牌　双方无局

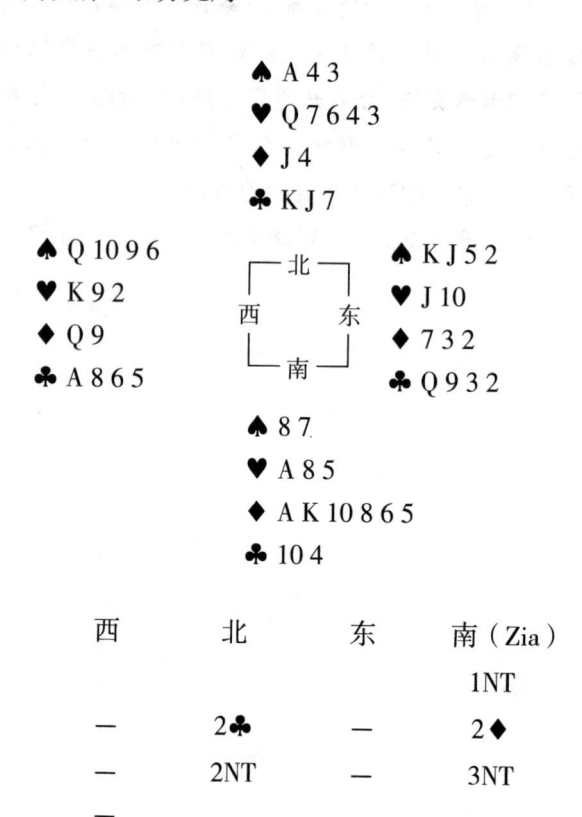

```
                ♠ A 4 3
                ♥ Q 7 6 4 3
                ♦ J 4
                ♣ K J 7
♠ Q 10 9 6                    ♠ K J 5 2
♥ K 9 2          北           ♥ J 10
♦ Q 9         西    东         ♦ 7 3 2
♣ A 8 6 5        南           ♣ Q 9 3 2
                ♠ 8 7
                ♥ A 8 5
                ♦ A K 10 8 6 5
                ♣ 10 4
```

西	北	东	南（Zia）
			1NT
—	2♣	—	2♦
—	2NT	—	3NT
=			

回顾

南（Zia）持6-3-2-2牌，11点大牌，开叫1NT，很为奇特，他敢于尝试，不愧为世界桥牌名手。

西首攻♠10，明手执张至第三轮才用♠A拿进，暗手垫♥5。明手出♦J，东跟♦2，Zia认为东若有♦Q哪有不盖♦J之理，便认定这张♦Q定在西手，只有打西♦Q×双张，所以南连拔♦A、K，只见西的♦Q被击落，遂可一连拿到六墩♦。南用同一逻辑方式，从暗手出♣10，西家放小，没有用♣Q盖上，南连想也不想便把♣K放上，从而拿到第九墩牌。

查世界桥联1986年双人赛和罗森布鲁姆队式赛（Rosenblum Teams）公报，编辑并未说齐亚（Zia）的1NT开叫很奇特，仅说齐亚以畸形（Offshape）的弱无将开叫，好处在于使对方莫名所以。

理论点解析

（1）首先需要正名的是普通牌手一定不要认为这个畸型1NT开叫具有何等理论优点。本例只是桥牌大师齐亚习惯性和即兴式的竞技手法，也是齐亚式灵活性的一次表现，而四手牌的分配恰好有利于南北方。

本例，南以1♦做合格开叫，大致的进程，都会出现北家用3♥作出邀局叫。持南家牌的普通牌手，如果勇敢叫进4♥，依据四手牌现状，大概不难完成定约。倘若，南家描述出♦长套，北家基于♠、♣有明显止张，♥有长度止张，总牌力11HCP，按"谋九不谋十"战术原则，也能叫进3NT。按四手牌的攻防节奏，打对防家的♦分布，3NT定约也能完成。

所以，本例的理论点是在你尚未成为世界桥牌大师时，还应依约开展叫牌，忌讳玩花活，别让搭档对你失去信任。

（2）对于无将开叫所约定的平均牌型，普通牌手要明白，依宽严程度，可以分为：

a. 持4-3-3-3、4-4-3-2牌型；

b. 持5-3-3-2或4-4-4-1单张为大牌牌型；

c. 持无单缺牌型，最极端的是7-2-2-2牌型，但长套应为低级花色。

以这个分类理论，齐亚开叫1NT也属"合格"。

小知识

齐亚·默罕默德（Zia Mahmood），1946年生，美籍巴基斯坦裔人，现居美国，是活跃在美国桥坛的大师级牌手，自1981年起至今，获得无数桥赛奖项。牌风极为灵动，喜出奇招，著有自传体《我的桥牌之路》（Bridge My Way）。

米歇尔·罗森伯格（Michael Rosenberg）著有《桥牌，齐亚和我》（Bridge Zia and Me），记录与齐亚搭档比赛的优秀牌局及成果。

牌例 21

来源

总第11期（1987.3，P19）
东发牌　双方无局

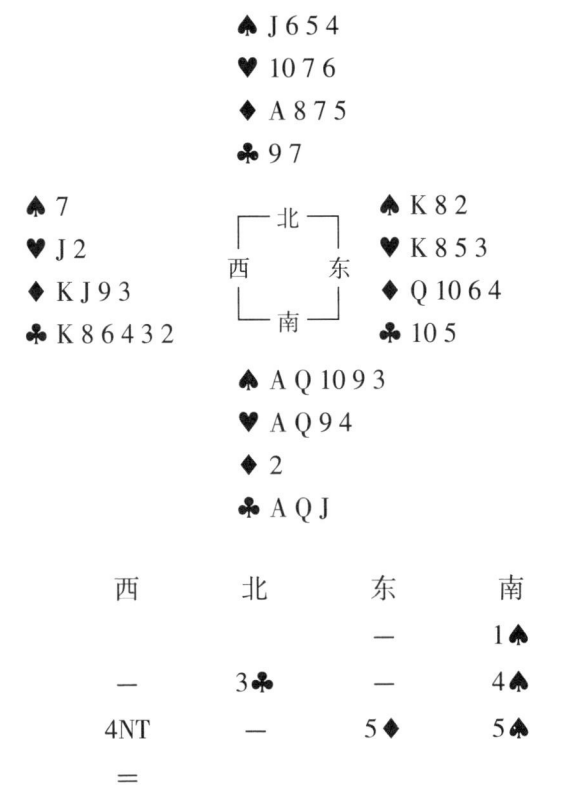

```
              ♠ J 6 5 4
              ♥ 10 7 6
              ♦ A 8 7 5
              ♣ 9 7

♠ 7                      ♠ K 8 2
♥ J 2        北          ♥ K 8 5 3
♦ K J 9 3  西  东        ♦ Q 10 6 4
♣ K 8 6 4 3 2 南         ♣ 10 5

              ♠ A Q 10 9 3
              ♥ A Q 9 4
              ♦ 2
              ♣ A Q J
```

西	北	东	南
		—	1♠
—	3♣	—	4♠
4NT	—	5♦	5♠
=			

回顾

北的3♣应叫等于2♠加叫，但持有四个帮张。

西首攻♦3，明手A拿。出♥6，南用♥Q飞中。于是南的莫顿叉妙招（Morton's Fork Coup）来了——送♣J。西放小（如K吃，南可用♥Q垫♣失张，以下是明手将吃♥，并飞捉东的♠K），南的♣J得到一墩。接着南拔去♥A，再出♥4，西垫♣6，东♥K吃进。出♦，南将吃。再出♥9，西用♠7将吃，明手用♠J盖吃。明手出♣4，南用♠Q飞。再拔去♠A、♣A，出♣Q，西家盖上♣K，明手将吃，东可以用♠K盖吃或垫1张♦，南均可完成定约。

根据世界桥联1986年双人赛和罗森布鲁姆（Rosenblum Teams）队式赛公报，本例出自双人赛亚军维特斯（Wittes）夫妇，坐北的是丈夫乔恩（Jon），坐在南的是妻子帕姆（Pam）。刊登在《桥牌》杂志的牌例作了180度旋转，南北位置互换了，使图中的南家成了男牌手Jon，特此说明。

理论点解析

（1）依文章回顾，南开叫1♠，北家应叫3♣。本文作者乌国英前辈解释应叫3♣相当于标准体制中的高花开叫后的建设性简单加叫，但表示将牌为4张支持。当代普通牌手都明白这个3♣应叫就是典型的伯根加叫（Bergen Raise），表示持7~9HCP、将牌4张支持，与此配套的3♦应叫则表示10~11HCP、将牌4张支持。这个3♣/3♦应叫，又称之为双路伯根加叫（Two-Way Bergen Raise）。也有用3♣表示10~11HCP、3♦表示7~9HCP的，将牌都是4张支持，就被称为逆伯根加叫。

（2）当应叫方持有4张将牌支持且有≥12HCP牌力时，还有一种跳叫2NT应叫，这个约定叫称之为雅各贝2NT应叫（Jacoby Two No Trump），是对开叫人的花色的逼叫性加叫。但普通牌手应明了，无论是伯根加叫还是雅各贝加叫，其有一项隐含前提，即应叫人不持旁门花色单张。对雅各贝2NT应叫，开叫人按约定叫要叫清牌力和牌型：在3阶水平上叫一新花色，表示此花色为单张或缺门；在4阶水平上叫一新花色，表示6-5-1-1牌型，所叫新花色为5张套（但当1♥开叫且只有低限牌力时，开叫人不可叫4♠来显示还有5张♠套）；叫4阶同意的将牌花色，表示只有低限开叫牌力，没有满贯兴趣；叫3阶同意的将牌花色，表示持有16点以上的牌力，有强烈的满贯兴趣；叫3NT，表示持有好的开叫牌力（14~15点），但无牌型特点。

（3）回到本牌例，读者也可以发现惩罚东西方的5♦定约，收益可大于南北方做成5♠定约的得分。对于南家是否应当先抢着叫出5♠，暂不在本例中评析，今后将结合其他牌例展开理论解析。由于南家自行抢做5♠定约，增加不少难度。

我们不难发现，庄家在♠、♥和♣上均需飞牌，但明手仅有♦A一个桥引，定约要做成，必须为明手制造一个桥引，并且输墩得限制在两墩。认识到这一点，庄家就必须做出某些"放弃"，去换取某些"机会"。请回顾做庄过程。

a. 明手♦A进手"抓住"♥飞牌的正确选择，出♥6，用♥Q飞牌，成功。

b. 暗手送出♣J，"放弃"♣飞牌机会，但考验西家放不放上♣K。放上，万一东家有♣A×，东西方就会失去将吃♣

的机会；不放上，谁知道庄家在♣上持啥牌张，真难。对庄家来说，送掉♣一个输墩，立马可以换到一个赢墩来交换♥上的一个输墩，并且在♣上垫掉♥后，可以用明手将吃第三轮♥，获得飞将牌的"机会"，这是一个极精彩的妙招。

c. 西放上小♣，♣J得墩。现在庄家已无♣上的输墩（第3张♣可用第4张将牌将吃），庄家允许失一墩♥和一墩将牌。兑现♥A，再送出♥4给东家♥K赢得。

d. 庄家将吃♦进手，再出♥9，西被迫用♠7将吃，明手用♠J盖将吃。

e. 明手出小♠，暗手用♠Q飞牌，成功；再兑现♠A，防家♠为1~3分。

f. 最后1张♣由明手将吃，无论防家♠K是否超吃，只能再取一个防守赢墩，做成5♠定约。

这样的妙招应该给予定名，《审定桥牌百科全书》名之为莫顿叉妙招。

（4）《审定桥牌百科全书》在莫顿叉妙招词条释义：庄家的一种灵活的打法，就是让一个防守人在能够方便地赢进一墩牌或者为了保留其大牌组合而让掉这一墩牌这两者之间进行选择，但无论他选择何者，都会使防守方损失一墩牌。如果这个防守人赢进这一墩牌，他将让庄家的1张大牌打好成为赢墩；如果他让掉这一墩牌，则他的赢墩以后将会消失，因为庄家有一个可以垫牌的机会。该词条由多萝西·海顿·特拉斯科特（Dorothy Hayden Truscott）撰写并举例如下：

♠ A Q 8 7
♥ 5 4
♦ Q 3 2
♣ A 9 7 3

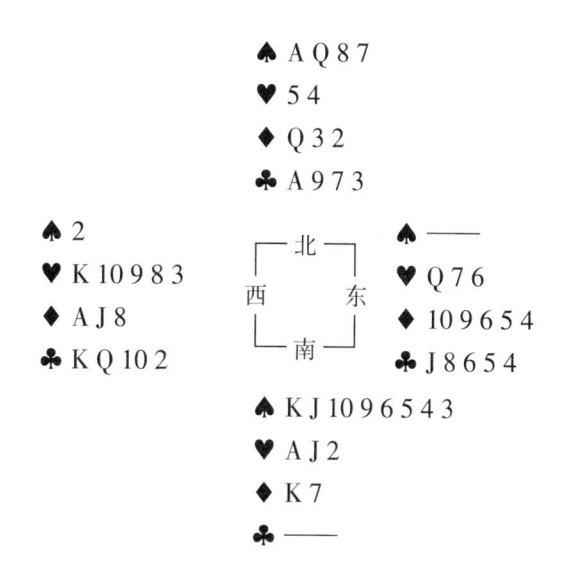

♠ 2
♥ K 10 9 8 3
♦ A J 8
♣ K Q 10 2

北
西 东
南

♠ ——
♥ Q 7 6
♦ 10 9 6 5 4
♣ J 8 6 5 4

♠ K J 10 9 6 5 4 3
♥ A J 2
♦ K 7
♣ ——

西先叫1♥，最后由南做6♠定约，西首攻♣K。因为现在南在♣A上无从垫牌，所以暗手将吃这一墩♣，接着，清一轮将牌，然后由暗手向明手的♦Q出一小♦。如果，西现在用♦A得墩，庄家以后就可以用♦Q和♣A垫掉明手2张♥；而假如西让掉这墩♦，则以后庄家可以用♣A垫掉暗手的♦输墩，从而只丢失一墩♥。相似地，如果庄家判断是东持有♦A，他可以从明手向暗手的♦K出一小♦，同样能把东套住。

卡迪纳尔·莫顿，是英皇亨利七世时的财政大臣，经常为皇家金库向伦敦的富裕商人榨取钱财。他的著名方式是，如果一个商人生活铺张阔绰，说明他的收入丰裕，显然可以拿出一部分钱财贡献给皇上。反过来，如果一个商人生活简朴，则说明他有大量钱财节约下来积聚，因而完全可以拿出一部分钱财贡献给皇上。无论是哪一种情况，这些富商都只好被莫顿的叉子叉住，这就是莫顿叉妙招的来源。

小知识

据《桥牌在中国》介绍，乌国英前辈生于1906年，是上海桥牌界元老。解放前，创设位于霞飞路（现淮海中路636号）原华府饭店四楼的安利桥牌俱乐部。该俱乐部汇集了余良、张去病、孙鉴渠、贺肖杰等桥牌界高手名宿，组队与外国总会桥牌俱乐部抗衡，屡获佳绩。解放后，乌国英与贺肖杰在上海青年会举办多种形式的桥牌赛及讲座班。1954年，两人曾在《新民晚报》主编"桥牌专栏"，以后又合编了"桥牌谱"，这是我国第一部桥牌著作。

据沈学浩（他本人也是上海桥界元老）在《桥牌》杂志总第2期关于上海桥坛元老的简介一文介绍，乌老在20世纪50年代时人称"乌司基"。他博览国际桥牌书刊，熟悉各种叫牌体制，也是当时的著名裁判。沈老说，解放前乌国英与贺肖杰组织过"昂德利德桥牌俱乐部"（Underlead）。笔者认为，上文的安利桥牌俱乐部可能系误译。由于Underlead是桥牌术语低出小牌，其发音为昂德里德，故沈老之说较准确，安利应系误传。

行文于此，也是笔者缅怀乌老对中国桥牌运动的贡献。

牌例 22

来源

总第11期（1987.3，P20）
南发牌　双方有局

```
              ♠ K 8 6 5 4
              ♥ 7 2
              ♦ Q J 6 4
              ♣ J 2
♠ —                        ♠ Q J 9 7
♥ Q J 10 8 6               ♥ A K 5 4 3
♦ A                        ♦ 7 2
♣ A K 10 9 8 4 3           ♣ Q 5
              ♠ A 10 3 2
              ♥ 9
              ♦ K 10 9 8 5 3
              ♣ 7 6
```

西	北	东	南
Russ Ekeblad（美）		Ron Sukoneck（美）	
			—
1♣	—	1♥	×
5NT	—	7♥	7♠
×	=		

回顾

文章标题为《奇妙的牺牲叫》,作者写道:轮到南第二次叫牌时,他叫出技术性加倍,希望同伴选叫未曾叫过的两套花色;不意,西家采用5NT作大满贯迫叫,东家遵命叫到7♥。南经过分析,西家的黑桃系缺门,而东的黑桃也不会太多,因而北至少持有5张黑桃,而且可能还有一套方块,所以断然以7♠牺牲。结果宕五,虽失1400分,可是另一桌东西打成7♥定约得2210分,这一副牌净胜13IMP。

笔者在拜读此文时,对南家断然作出7♠牺牲叫分析思路有些不解,至少没有严密精准之感,所以认为作者可能也是基于此种感觉,而给予文章以《奇妙的牺牲叫》为题。

查阅世界桥联1980年罗森布鲁姆赛(Rosenblum Teams)公报第140页原文,发现误差相当大。原来,南家并没有直接对东的7♥叫牌作出7♠牺牲叫,而是在叫牌转到北家时,由北家给予7♠牺牲叫。同时对7♠加倍的也是东家,而非图例中的西家,特此正名。由此,也让笔者有机会去分析北作出正常非奇妙性7♠牺牲叫的竞叫理由。

理论点解析

(1)南曾经不叫过,他的一手牌也称为Passhand,因此,所作的技术性加倍一定有他的独特性。东西家使用的是真实叫体制,因此,形式上保证了♣和♥的一定长度,此时南对1♥应叫作技术性加倍,实质上也是一种排除♣和♥花色的技术性加倍,表示南在♦和♠上有两套牌,而且多半♦长于♠,否则,南可以直接以♠花色争叫,将较短的另一套隐藏起来。如果南持5♠-5♦,他也可以扣叫2♣,既挤占叫牌空间，又暗示搭档可在2阶水平选择配合的将牌花色。这一点，普通牌手不仅要领会而且要与搭档事先约定，并积极用于实战。

（2）西家持有三失张的两套牌，在♥配合的情况下，♣的输墩自然消失，因此问清♥将牌上的大牌与输墩至关重要。依据满贯叫牌理论，西有两个将牌特殊约定叫：

一是直接跳叫5阶将牌花色（在本例是♥），要求同伴有一个将牌大牌就叫进小满贯，谓之小满贯将牌问叫。

二是5NT大满贯逼叫（Grand Slam Force），这是在有大满贯的前景时确定将牌顶张大牌情况的方法。

大满贯逼叫，是1936年由E·克柏森（Culbertson）设计，并由其夫人约瑟芬·克柏森首先在《桥牌世界》撰文叙述，因此在欧洲常常把大满贯逼叫称为"约瑟芬"逼叫。在联手一方叫出5NT时，就是要求同伴在持有将牌的三个顶张大牌中的两个顶张大牌时叫成大满贯。在本例中，东持有♥AK两个顶张大牌，就直接叫进7♥。

还有一种方法是把答叫分成四级。加一级是表示持有最弱的将牌（3或4张小牌），加两级表示有Q，加三级表示有A或K，加四级表示有A或K且将牌有额外长度。有两个顶张大牌就直接叫进大满贯有将定约。如果♥为将牌花色，则把第一级和第二级合并为一级；如果♦为将牌花色，则分别把第一级和第二级合并成一级，第三级和第四级合并成一级。

（3）现在弄清楚了，对东的7♥叫牌是由北来分析考量的。通过南家对1♣开叫、1♥应叫的排除♣/♥的技术性加倍，北判定：南至少持4张♠、5张♦。东西方对四门花色均有第一轮控制，而且是由1♥直接作出5NT大满贯逼叫，西家持一手失张型的好牌是毫无疑义的。他只需要同伴有2张♥顶张大牌，而东毫不犹豫地叫出7♥，则预示东西方能够做成7♥定约。反观南北联手牌，北完全可以计算出南北最多存在两个♥、两个♣、一个♠和一个♦输墩，合计六个输墩，被加倍后最多宕六墩，其罚分最多为1700分，还是比7♥成功的奖分2210分少。因此，北家决定叫进7♠定约，承受惩罚。实际本例7♠被加倍宕五，东西方仅得1400分。

本例给予普通牌手的理论点是，要清晰地分析己方的输墩与罚分，勇于为敌方的成功定约合理买单。好多牌手老爱说自己不那么会计算，其实都是一种不敢勇于承当的心态，需要在实战中改正。

小知识

对于大满贯逼叫，笔者推荐下列著作：

《满贯的扣叫》，（澳）荣·克林格著，朱文极译，内部资料，1991年3月。

《桥牌约定叫大全》，（美）阿梅雅·喀尔斯著，王汝彩编译，蜀蓉棋艺出版社，1986年3月出版。

《现代桥牌约定叫》，（美）鲁特、帕弗立赛克著，龚家宝译，人民体育出版社，1987年2月出版。

《桥牌约定大全》，岳麓桥社编译，湖南科学技术出版社，1986年11月出版。

牌 例 23

来源

总第11期（1987.3，P20）
南发牌 双方有局

```
              ♠ 8 7
              ♥ 9 5
              ♦ J 10 6 5 4 2
              ♣ A K 6
♠ A 9 6              ♠ J 3
♥ A K 8 7 4    北     ♥ J 6 2
♦ 8 3       西   东   ♦ 9 7
♣ J 4 2        南     ♣ Q 10 9 7 5 3
              ♠ K Q 10 5 4 2
              ♥ Q 10 3
              ♦ A K Q
              ♣ 8
```

西	北	东	南
Michel Perron（法）		Paul chemla（法）	
			1♠
—	1NT	—	3♠
—	4♠	=	

回顾

西家（法国队的Perron）很欣赏他手中12点大牌，他对同伴并未寄予多大的希望，只要其持有1张♠J就有文章可做了。他把♥AK拔掉，看到同伴跟出♥2、6表示为3张，他扔出♥4，明手垫♣6，南以♥Q进手。出♣进明手，回出♠8，东跟♠3，南上♠10，西用♠A吃，再出♥！他心中念念有词，祈祷同伴打出♠J，果然不失所望，这样西的♠9即可提升为赢张，从而挫败定约。

查阅世界桥联1986年双人赛与罗森布鲁姆队式赛公报评述：看着手中的12HCP大牌，Perron并不期望搭档那手牌还有很多的帮助，然而他也许会有个♠J吧！Perron兑现♥AK，继续打出第三轮♥给庄家的♥Q，庄家用♣回到明手，用♠10飞，丢失给♠A。现在Perron打出第四轮♥，Paul chemla及时用♠J将吃，庄家虽然盖将吃，但Perron的♠9提升为宕墩。

理论点解析

（1）对于作者添加的"他心中念念有词，祈祷同伴打出♠J，果然不失所望"这段文字，笔者实在不敢苟同。设想一下，如果同伴没有♠J或Q，庄家就将持有♠KQJ10连接张大牌，他还需要用♣A进入明手再清将吗？♥Q进手后，直接清将就是了。所以，Perron根本无需念念有词，他用♠A得墩后，就能分析出同伴持有将牌J，可以帮助他提升♠9为赢墩。因此，再打出第四轮♥，东家以♠J去顶打法即可帮助Perron的将牌9升级。

（2）Perron的上述防守打法，属于将牌升级（Trump Promotion）中的一种。《审定桥牌百科全书》释义的种类有：

a. 强迫将吃法，即强迫庄家将吃，最后依靠长将牌而得到将牌赢墩；

b. 使用将牌巧吃妙招，利用有利位置而获得将牌赢墩；

c. 通过将吃迫使对方用大将牌超吃，从而使本方的将牌升级成为赢张（Uppercut）；

d. 以将牌超吃的威胁迫使庄家用大将牌将吃，而使本方的将牌升级成为赢张。

（3）去顶打法（Uppercut），也称切顶打法（Top Cutting）。《审定桥牌百科全书》去顶打法词条，举了一个简单的例子：

<pre>
              北
            ♠ 4 3 2

     西   东
    ♠ J 5   ♠ Q 6
              南
         ♠ A K 10 9 8 7
</pre>

♠是将牌。西攻出一个东和南都已缺门的花色。东用♠Q将吃，就使得他们防守方保证能够得到一墩将牌。一个防守人所持将牌完全无用，在有将吃机会时，应当用手中最大的将牌将吃。有时候甚至用一张6这样的小将牌将吃，也有可能产生去顶打法的效果，而为防守方升级出一个将牌赢墩。

牌例 24

来源

总第12期（1987.4，P2）

第10副　东发牌　双方有局

```
              ♠ J 10 8 7 2
              ♥ 10 6 2
              ♦ 6
              ♣ 7 4 3 2
♠ 9 5                        ♠ A K Q
♥ K J 9 8 7 5      北        ♥ Q 4
♦ A 7 4         西    东     ♦ K Q 9
♣ J 10             南         ♣ A K 9 8 6
              ♠ 6 4 3
              ♥ A 3
              ♦ J 10 8 5 3 2
              ♣ Q 5
```

开室	西	北	东	南
	泰国队	中国队	泰国队	中国队
			2♣	—
	2♥	—	2NT	
	3♥	—	3NT	
	4NT	—	5♥	—
	6♥	=		

闭室	西 中国队	北 泰国队	东 中国队	南 泰国队
			1♣	—
	1♥	—	2♣	—
	2♥	—	4NT	—
	5♦	—	6NT	=

回顾

本例是1987年第30届远东桥牌锦标赛第二阶段循环赛中中国队与泰国队的第10副牌。

开室由泰国队西定约6♥，北首攻单张♦6，以后南♥A上手后给北将吃♦，结果定约宕一。

闭室由中国队东定约6NT，南首攻♦J，只给南的♥A拿一墩，6NT正好完成。

理论点解析

（1）本例表面看是运气较差，如果♦上南北不是6-1分配，持将牌♥A的一方又恰巧能给同伴一个♦将吃，6♥定约也能成功。但就叫牌过程分析，泰国队失分的偶然性中寓有错误叫牌的必然性结果。

桥牌做庄技巧中有一种称之为安全打法的技法，借用到叫牌理论中也有一个安全定约的课题。综观泰国队在这副牌的叫牌过程，反映了牌手缺乏安全定约的叫牌观。首先，使用标准体制的东家开叫2♣，再叫2NT仅表示持22HCP以上的平均牌型，在此基础上，西家尚不具备主动试探满贯的牌力。其次，东家的3NT叫牌已基本肯定只能提供♥上的双张支持，如此一来♥上的低间张牌张结构对♥的配合情况尚需进一步探查。再次，探查的方式也分积极性探查（主动性）和消极性探查（被动性）两种。例如，在4♥叫品下叫一声4♦可让同伴分析出♦上有大牌点，即意味着♥上大牌点儿少一些，此种被动性探查较为低调。或者小心翼翼地叫出5♥，这样快速挤占叫牌空间也显示♥上略有缺陷，是一种鉴于联手牌力尚不想失去进贯机会的心态，此种主动性探查稍显高调。总而言之，4NT关键张问叫已不属于探查叫，而是进贯的核查叫。最后，从定约做庄的安全性考虑，如果由西家做6♥定约，♠与♣两门花色都面临首攻被穿攻（Lead Through）的危险，西家又没有任何可用于分析危险来自♠和♦哪门花色的信息。而对首攻者来说，无论从穿攻强牌（Through Strength）或出向弱牌（Up to Weakness）分析，♠和♦都是适选花色。

（2）本例中泰国队西家固然较为"主动""进取"，但从战略角度看尚属无可厚非，可挑剔之处在于战术层面。而东家，无论在战略还是战术层面，都显得极其保守和没有担当。首先，2♥应叫理论上确保西持8HCP以上牌力，♥结构不低于KJ10×××，因此东家已不担心西家做庄时首攻薄弱点，他有充分空间去探求♥上的6-2配合与♣上的5-3配合，所以，急于抢出2NT是没有理由的，再叫3♣并不妨碍♥的6-2配合探求与♣的5-3配合探求。其次，面对西家的3♥再应叫，♥Q×双张也属合格配合，如果正确叫出4♣就能自然引发西家的4♦，并由东家4NT核查关键张而叫进小满贯定约。再次，从东家的角度分析，如果西家持♥AK××××，联手已有三个♠赢墩、六个♥赢墩、一个♦赢墩、两个♣赢墩，完全可以完成6NT定约；如果西家持♥A1098××、♦A，联手牌♥双飞有75%概率可得五个♥赢墩、三个♠赢墩、三个♦赢墩、两个♣赢墩，也可以完成6NT定约；如果西持♥K1098、♦A及♣Q×，也有超过50%概率取得五墩♥、三墩♠、两墩♦、三墩♣或五墩♣、三墩♠、三墩♦、一墩♥，完全可以完成6NT定约。因此，最佳定约应为6NT，而这个计算分析只能由东家来完成。

（3）本例中国队的叫牌，因闭室组合采用精确体制，在1阶水平已知西持≥8HCP牌力与5张♥套，在2阶水平已知西持6张以上♥套，东♥Q×已能补足♥长套的间张结构，因此勇于担当叫出4NT关键张问叫，并准确定约6NT（尽管笔者至今仍不明白5♦的含义，也许4NT是6NT满贯邀请叫，5♦为扣叫♦A）。

牌例 25

来源

总第12期（1987.4，P3）
第12副　西发牌　南北有局

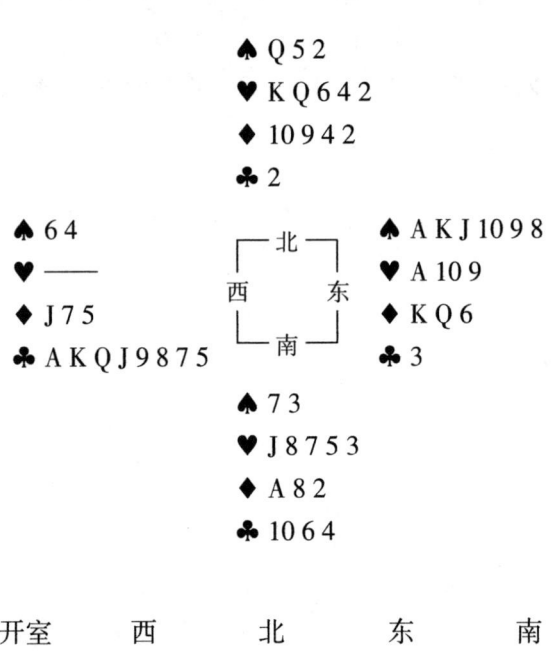

```
              ♠ Q 5 2
              ♥ K Q 6 4 2
              ♦ 10 9 4 2
              ♣ 2
♠ 6 4                        ♠ A K J 10 9 8
♥ ——          北             ♥ A 10 9
♦ J 7 5    西    东           ♦ K Q 6
♣ A K Q J 9 8 7 5   南        ♣ 3
              ♠ 7 3
              ♥ J 8 7 5 3
              ♦ A 8 2
              ♣ 10 6 4
```

开室	西	北	东	南
	中国队	香港队	中国队	香港队
	3NT	—	6♣	=

闭室	西	北	东	南
	香港队	中国队	香港队	中国队
	3♣	—	3NT	=

回顾

本例是1987年第30届远东桥牌锦标赛第二阶段循环赛中中国队与香港队的第12副牌。

开室东西方为中国队叫到6♣，南首攻♦A，正好完成6♣定约。

闭室东西方为香港队叫成3NT，南首攻♥5，香港队上4完成定约。

理论点解析

（1）本例的理论节点，是如何界定阻击叫特别是低级花色阻击叫与赌博叫。

Gambling Three No Trump（赌博性3NT）在《审定桥牌百科全书》中文版里，被周家骝先生意译为"冒险式3NT开叫"，不如直译为宜。其释义为："以一个长而坚固的低级花色作为基础的开叫，这种开叫原是埃坷叫牌法（ACOL System）的一个特点，但现在已被很多使用2♣约定性逼叫开叫的牌手所使用。"

Pre-emptive Bid（阻击叫）or Shut-out Bid（关煞叫）在《审定桥牌百科全书》中文版里被周家骝先生合并译为关煞叫。笔者认为前者仍应译为阻击叫，这个中文译名已被广大牌手所认可，后者关煞叫与阻击叫仍有内容上与使用场合上的区别，不可混用。其释义为"一手有一个长套花色但大牌牌力有限的3副水平以上的花色开叫。"

Preempt原意是"以先买权取得或（为取得先买权而）预先占有（公地）"，后转意为先占、先取，在桥牌中释义为"先发制人地叫牌（指故意叫得很高以阻止对方叫牌）。"了解这些为以后笔者进一步论述预作准备。

（2）下面陈述赌博叫与阻击叫的异同点。

a. 两种叫牌虽然都会挤占叫牌空间，但赌博叫仅为3NT一种挤占方式，而阻击叫可依据局况、位置及花色长度、强度和副牌牌力，甚至采用的叫牌方法表现为多种水平与方式。

b. 赌博叫的目的具有两重性，既有建设性的一面，又有破坏性的一面，而阻击叫的直接目的就是破坏对手方的正常叫牌。

c. 赌博叫的同伴对失分承受责任是可以明确量度的，阻击叫的同伴对判断惩罚后果较难考量，也就是说，赌博叫不必适用2-3原则，而阻击叫应遵纪适用2-3原则。

d. 赌博叫的花色长度与强度一般是明确的，即AKQ×××（也有规定为AKJ×××××），阻击叫的花色长度和强度约定比较宽泛（从严格意义上说，绝对不允许AKQ××××，基本上为间张结构，或无A/K领头的连接张）。

e. 具备赌博叫条件的花色长套，不采用阻击叫方式显示，而具备阻击叫条件的花色长套，可能利用局况等因素，以赌博叫方式实施心理叫（桥赛规程允许）。

牌 例 26

来源

总第12期（1987.4，P3）
第2副　东发牌　南北有局

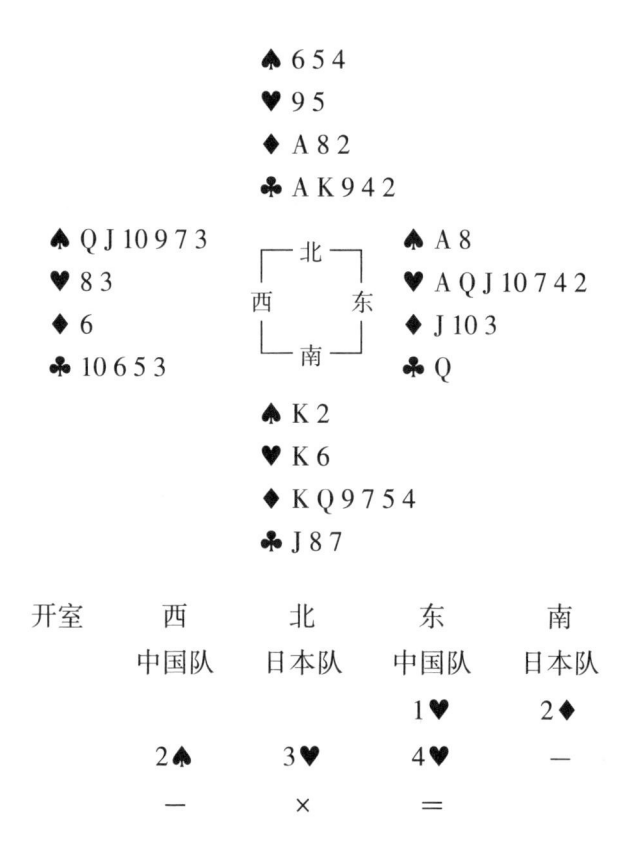

```
              ♠ 6 5 4
              ♥ 9 5
              ♦ A 8 2
              ♣ A K 9 4 2

♠ Q J 10 9 7 3    ┌ 北 ┐    ♠ A 8
♥ 8 3           西      东   ♥ A Q J 10 7 4 2
♦ 6             └ 南 ┘      ♦ J 10 3
♣ 10 6 5 3                  ♣ Q

              ♠ K 2
              ♥ K 6
              ♦ K Q 9 7 5 4
              ♣ J 8 7
```

开室	西	北	东	南
	中国队	日本队	中国队	日本队
			1♥	2♦
	2♠	3♥	4♥	—
	—	×	=	

闭室	西	北	东	南
	日本队	中国队	日本队	中国队
			1♥	2♦
	—	3♦	3♥	3NT
	=			

回顾

本例是1987年第30届远东桥牌锦标赛第二阶段循环赛，中国队与日本队的第2副牌。

开室南首攻♦K，转攻♣7，北♣K赢到后，续出♣A给东将吃，定约下一。

闭室西家首攻♥8，东放♥10，南♥K进手后连拿低花十二墩牌，定约上三。

这副牌中国队胜11IMP。

本例表面看很简单，但仔细审核不难发现，开室的东西家中国队牌手在东家率先开叫后，仍然坚持叫牌，将叫牌目标锁定在接受加倍惩罚的4♥牺牲叫；而闭室的东西家日本队在东家率先开叫后，转变为放弃争夺，让南北方叫成3NT定约。这就是本例需要解析的叫牌目标及其动态转移理论课题。

理论点解析

（1）每个桥牌叫牌体制，除了阻击叫的设计目的是破坏对手方的正常叫牌，其他叫牌（一般开叫、防守竞叫）的初始目标都是企求联手能够寻找到一个合理有利的定约。但是这个目标的寻求不是静止不变的,随着双方叫牌的展开,叫牌目标就出现了动态转移,流变为丰富多彩的具体定约。从建设性的探求到极具破坏性的竞争,大致可分类如下:

1) a. 叫成一个合理的部分定约;

　b. 叫到一个合理的成局定约;

　c. 叫到一个有利的成局定约;

　d. 叫到一个合理的满贯定约;

　e. 叫到一个安全的满贯定约;

　f. 抢先叫出1NT定约去压制对手方的叫牌;

　g. 按体制要求,快速叫进一个成局定约。

2) a. 叫出一个可以接受的部分定约;

　b. 叫到一个可以承受牺牲的成局定约;

　c. 作出一个阻击叫静观其变;

　d. 作出一个合理的牺牲叫减少损失;

　e. 快速叫出高阶水平的牺牲叫放出胜负手;

　f. 以一个有利的满贯牺牲叫逼迫对手方从一个合理的满贯定约向成功率较低的满贯定约转换或被迫接受惩罚该牺牲定约。

3) 本类叫牌可能最终不会形成最终定约,因此,本类叫牌也可称为过渡叫。

　a. 迫伴出套叫;

　b. 示选叫;

　c. 暗示性配合叫;

　d. 询问性扣叫;

　e. 逼叫性叫牌;

　f. 指示性叫牌;

g. 求救性叫牌（SOS叫牌）；

h. 心理性叫牌；

i. 干扰性叫牌。

通俗地说，第1）类叫牌是属于正向思维型叫牌，第2）类叫牌属于反向思维型叫牌，第3）类叫牌属于侧向思维型叫牌。

叫牌者的每一个叫牌，均应有内在的战略战术目标，不能单纯地为叫牌而叫牌，更不能仅仅为了展示作出无谓无意义无目的的叫牌。

（2）结合本例，从开室叫牌过程不难知道东家的1♥开叫和南家的2♦争叫，初始目标都是为己方寻求一个合理定约。西家的2♠应叫不是无干扰情况下的应叫，而是抗干扰性叫牌，但是这个叫牌的目标并不明确，而且牌力不够。更为严重的是，这个二盖二自由叫究竟给了同伴多少确切的信息可供分析呢？也就是说，叫出4♥究竟是作出一个合理的牺牲叫减少损失（因为西家牌力很差），还是己方能有一个合理的/有利的4♥定约（因为西家的2♠自由叫显示♠/♣都有大牌，北家的3♥扣叫显示♦已配合，而东持3张♦，可推理出西家持短♦）。笔者的感觉是本例中合理有利的4♥叫牌，似乎非来自正正得正的思路，而是否否得正的思路。

从闭室叫牌过程看，西家先放过2♦争叫，是符合"天花板原则"（Ceiling Principle）的，他给了东家已没啥牌力的信息，但东家的3♥叫牌就显得很无目标。首先，3♥是一个合理的部分定约吗？其次，3♥是一个合理的牺牲叫吗（针对南北部分定约）？再次，3♥竞叫能达到阻止对方寻求3NT合理成局定约的目标吗？笔者认为，反而会促使南家叫出3NT定约。

因此，笔者认为东家不叫3♥，倘若南家仅仅满足于3◆定约，那么后悔的应该是南北方；倘若南北方自由叫进3NT定约，再考虑依靠7张♥长套，用4♥合理牺牲叫减少损失才是最佳叫牌策略。须知，Pass有时是最有力的叫牌。

牌 例 27

来源

总第15期（1988.3，P12）
西发牌　南北有局

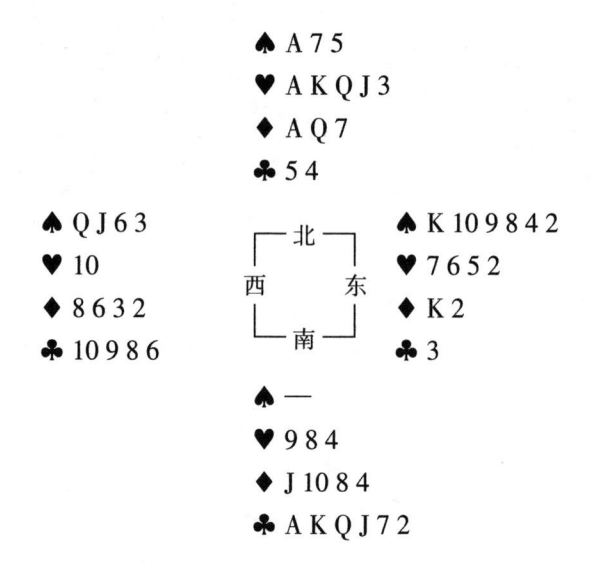

```
              ♠ A 7 5
              ♥ A K Q J 3
              ♦ A Q 7
              ♣ 5 4

♠ Q J 6 3              ♠ K 10 9 8 4 2
♥ 10         北        ♥ 7 6 5 2
♦ 8 6 3 2   西 东      ♦ K 2
♣ 10 9 8 6   南        ♣ 3

              ♠ —
              ♥ 9 8 4
              ♦ J 10 8 4
              ♣ A K Q J 7 2
```

开室	西	北	东	南
	古玲（中）	Lynn Deas（美国Ⅱ）	张亚兰（中）	Beth Palmer（美国Ⅱ）
	—	1♣*	1♠	3♣
	4♠	4NT	5♠	6♣
	6♠	7NT	×	=

闭室	西	北	东	南
	Kathy Wei（美国Ⅱ）	李曼苓（中）	Judi Radin（美国Ⅱ）	陆琴（中）
	—	1♥	1♠	4♥
	—	6♥	=	

回顾

开室，美国女子二队受到中国女队的黑桃连珠炮般狂轰滥炸，但未能奏效。当Deas洞悉同伴持有坚实♣长套时，十三墩牌已屈指可数，就一口气叫到7NT。东希望她的2张K可能会起作用，因而作加倍，结果反而多送了分数。

闭室，陆琴考虑到美国女子二队在♠中有牌力，所以跳叫4♥封局，李曼苓拿了一手强牌，当然力冲6♥，但并未想象得到同伴在♣中拥有这么多的财富，只能止于6♥致使美国女子二队在此副牌上赢得14IMP，造成一个很大的输赢。

核查公报，编译者乌国英先生对中国开室两位女牌手以姓称呼，对闭室两位女牌手以名称呼，且原文女牌手曼玲应为李曼苓，笔者已均予更改。

因中国女队威尼斯杯赛未进前四名，故本例当发生在预赛阶段。

理论点解析

（1）首先要赞扬开室北的叫牌，既干脆又明了，当然她们采用的叫牌体制恰好适用本例的牌型牌力。南北采用的是20世纪50年代流行的Goren体制，其1♣开叫为逼叫型，北的20HCP且5张坚挺♥套恰好可以1♣开叫，再叫可以跳叫2♥或3

♥表示。在东的1♠争叫后，南没有获得同伴更多的信息，但依据Goren体制持强强叫和持强高叫的原则，跳叫3♣表达持一个坚挺♣长套和基本逼叫进局的姿态，如果开叫人持12~14HCP且♠有止张，南北即可有一个合理的3NT定约。在东西家，1♠+3♠的联合争叫下，北家坚信同伴持有AKQJ××的坚挺♣长套或AKJ×××♣长套+◆K，前者联手已见十三个赢墩，后者联手做♥满贯定约，有将吃♠的额外赢墩，因此，北家毅然作出4NT罗马关键张问叫。在5♠的干扰下，南家越过窦拔（DOPI）和迪珀（DIPO）的抗干扰约定叫直接叫出6♣，显示了♣长套的坚固性，北家直接叫进7NT定约。北家的这个叫牌过程再一次说明了满贯叫的理论精髓——没有做庄方案就不要轻易叫满贯定约。

（2）反观闭室南北，她们采用的应该是1980年后改进的5张高花Goren体制。因此，北家开叫1♥，先显示至少12~15HCP和5张♥套。同样面对1♠争叫，南家的4♥快速进局就显得既无全局观，又使叫牌进展毫无弹性陷入板滞。

诚如前面牌例与理论解析，Goren体制属于一种强的无限的真实叫体制，实行"渐进+逼叫叫牌原则"（Approach+Forcing Principle）。查《审定桥牌百科全书》，Approach Principle被译为渐进原则，这是埃利·克柏森（Elg Culbertson）所提出的一个原则。这个原则主张优先作花色开叫并且缓缓交换信息，尽可能勿作无将开叫和应叫。从这个原则，克柏森创制了克柏森叫牌法（Culbertson System），并在此基础上后来发展出其他诸多种叫牌法。这一类发展出来的叫牌法被称为"渐进—逼叫体系"（Approach-Forcing System），《审定桥牌百科全书》列为专门词条，并释义：可用于概括称呼包括美国标准叫牌法（Standard American）或戈伦叫牌法（Goren System）在内的大多数标准叫牌法的一个术语。

南家在同伴已持≥12HCP和5张♥套的基础上，面对东争叫1♠，她既需要了解北的牌力范围（即12~15HCP或更高），又要探查北在♠花色上的牌张情况。如果北家♥更长、牌力低限，那么4♥定约是显而易见的；如果牌力高限，♠花色上的缺门能够获得短将牌将吃，结合♦大牌的配合，♥满贯定约也是伸手可得。倘若，北家持12~15HCP的低限，♥也不更长，大牌分散在♣外的花色中，♠有止张，3NT定约也可谋求；实在不行，退缩到边缘定约4♣也是无可厚非的。而贸然直叫4♥，占用大量叫牌空间，失去探索机会，这就违反了叫牌理论中一个重要的原则，称之为"保持弹性"（Keep in with Spring）原则。这就是说，当对联手牌信息交换不充分尚可继续探查时，千万不要单方自作主张作出一个定约关断的叫牌信号。本例的南家一个4♥的快速到达进局叫，封闭了坚挺♣套赢墩丰富的信息交换，实属不理性的。

（3）现在南的4♥关局叫放在北家面前，而北牌力高达20HCP，远远超过开叫时传递给同伴的12HCP。北将富裕的8HCP大牌点折算成两个赢墩，直接把定约拉到6♥，李曼苓的叫牌功力还是可圈可点的。然而笔者仍然回到前面讨论的"无方案不叫满贯"和"保持弹性"这两个理论课题，试问北家，西没有暴露自己的♠花色信息，倘若南北联手牌处于"镜面对称"状态，如何保证有大概率完成6♥的机会？例如，南持以下牌张：♠K××♥1098××

♦×× ♣AQJ（当年还未流行伯根加叫，还流行伪二盖一应叫）。

所以，北家应当扣叫4♠，既显示♠有第一轮控制又传达探贯兴趣，既留出4NT满贯问叫的空间又保持相应的叫牌弹性，不更好吗？

在4♠的基础上，南家跳叫6♣，显示长而坚挺的♣套，北家不同样能数出十三个赢墩而叫进7NT吗？须知，同伴可能会犯错误，但同伴不会连犯两个错误，这也是一个理论知识点，切记切记。

牌例 28

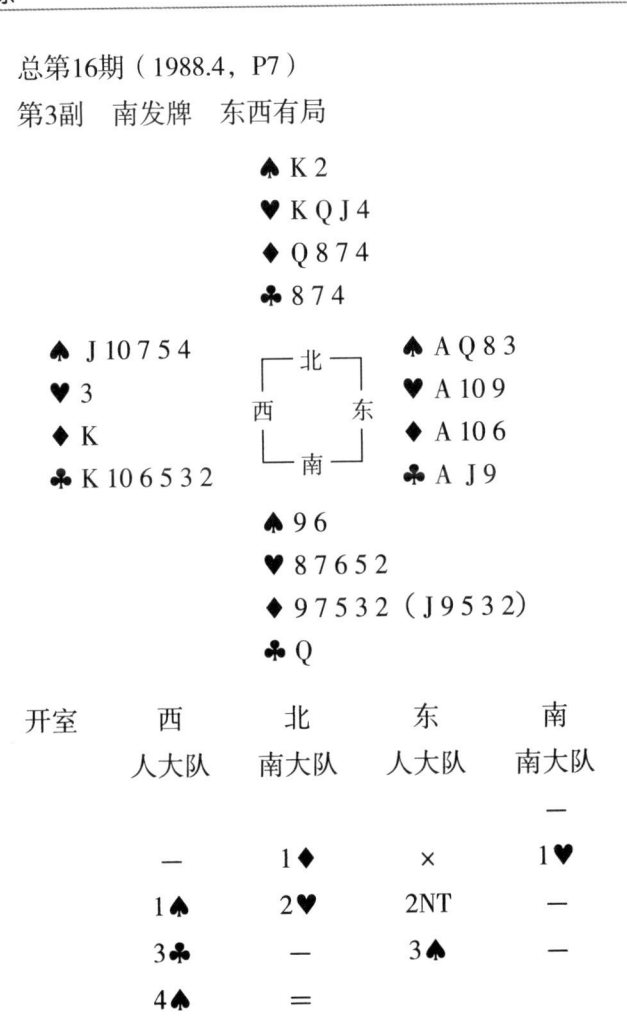

来源

总第16期（1988.4，P7）

第3副　南发牌　东西有局

```
              ♠ K 2
              ♥ K Q J 4
              ♦ Q 8 7 4
              ♣ 8 7 4

♠ J 10 7 5 4      北       ♠ A Q 8 3
♥ 3          西        东   ♥ A 10 9
♦ K                        ♦ A 10 6
♣ K 10 6 5 3 2    南       ♣ A J 9

              ♠ 9 6
              ♥ 8 7 6 5 2
              ♦ 9 7 5 3 2（J 9 5 3 2）
              ♣ Q
```

开室	西	北	东	南
	人大队	南大队	人大队	南大队
	—	—	—	—
	—	1♦	×	1♥
	1♠	2♥	2NT	—
	3♣	—	3♠	—
	4♠	=		

闭室	西	北	东	南
	南大队	人大队	南大队	人大队
				—
	—	1♦	×	3♦
	3♠	—	4♠	=

回顾

开闭室北家均于第三家位置开叫1♦，东加倍，以下开室南的1♥显得软了些，而闭室南的3♦阻击适度，因如叫4♦，西"冒险"自由应叫4♠的话，多半会刺激东对满贯的警觉性。如果说在这一叫品差异之下闭室东西还值得同情的话，那么开室人大队的东西就是不能原谅的了。先是西自由应叫1♠，北加叫南的2♥，东再以2NT示强，至少应有19~21点牌，因为既然对♦有控制，平均牌型的16~18点牌，为什么不按约定直接争叫1NT呢？但是当西再叫出3♣时，东的3♠显得模糊，至少给西一个配合不甚好的印象。为什么不先扣叫3♥呢？之后再扣叫4♦，小满贯总是应该能叫出来的。不过，西也应当于3♠之后再叫4♣，这样仍有可能激发起东进小满贯的情绪。

本例是全国高校第二届钟声杯桥牌赛南京大学队与人民大学队对抗的第3副牌。

勘误：原牌例南北都有♦7，为误植，分析后更正为♦J9532。

理论点解析

（1）从介绍本例的撰稿内容看，作者（本刊观察员）惋惜南大与人大牌手们都错失了满贯定约，并提出了自己的评论意见。阅读上面回顾中的评论文字，总的感觉是观点散乱、重点不突出。

寻求一个合理且正确的定约，尤其是在激烈的竞叫中谋求一个恰当的满贯定约，叫牌信息的分析与综合是至关重要的。

信息的来源方式，可分为提供、采集、探询和泄露四大类。准确的叫牌就是正确地提供信息。一个具体的叫牌，其内含的信息可分为表征信息与内涵信息。表征信息指的是叫牌卡上规定的形式信息，而内涵信息则是形式信息内含的多种类多层次的信息。采集信息是将一系列叫牌卡所反映的内涵信息去芜存真、去粗取精，指收集真确信息的过程。探询信息就是主动地进行叫牌，触动同伴再深入提供有效信息。这是比采集信息更为主动更为高级的信息交流过程。泄漏信息一般指己方或对方在表面上正常的叫牌过程中，因异乎常规的叫牌细节所泄露或被泄露的信息。一个牌手能否善于去采集同伴泄露的信息或对方被泄露的信息，则是区别其是否为高手的重要标志之一。

（2）评论一个牌例，众多评论人经常会忘记介绍参赛牌手采用的叫牌体制。从上述回顾中，作者也予以忽略不计，这就容易误导读者对后面分析牌手思路的评论意见得出不准确的认识。从整篇文章看，南大和人大的学生牌手都采用精确叫牌体制，如不事先介绍，何从分析南对北1♦开叫后遭受东技术性加倍时的抗干扰叫思路呢？开闭室南家1♥和3♦的叫牌谁对谁错的标准需参考叫牌体制。笔者想表达的意思就是在学习或分析牌例前，先要弄清楚双方采用的叫牌体制。

（3）开闭两室的东家，持19HCP的4-3-3-3牌型，四门花色均为高间张结构，以技术性加倍参与竞叫合规合距。观察员的评论为："东再以2NT示强，至少应有19~21点牌，因为既然对◆有控制，平均牌型的16~18点牌，为什么不按约定直接争叫1NT呢？"笔者不明白，明明白白的19HCP，怎么被观察员看成16~18点牌的。思之再三，原来是表述不直接明了所致，原表述应为"因为东家对1◆开叫没有直接作1NT争叫，而是先加倍后再叫2NT示强，显然传递了至少应有19~21HCP、至少有一高花套和平均牌型的信息。"

（4）针对东家的技术性加倍，笔者非常赞赏闭室南家的3◆跳叫极具大局观。正如前面所述，双方均采用精确体制，即便开叫1◆持有15HCP，己方联手大牌点最多18HCP。如果，北家为平均牌型大牌点达13~15HCP应当开叫1NT，由此联手大牌点可能只有15HCP，对手方可能有合理合格的成局定约。南家必须挤压叫牌空间，阻断对手方的信息交流，跳加叫3◆不仅挤压了叫牌空间，而且给同伴明确提供了可能选择牺牲叫的信息。依笔者的观点，可能双跳加叫4◆更具有前瞻性、挑战性和破坏性。

反观开室南家，观察员评论"开室南的1♥显得软了些"，完全是隔靴搔痒。首先，1♥的抗干扰叫缺乏大局观，分析如前。其次，在己方◆已适配的情况下，意图再寻求♥花色也配合，那不现存地让对手找到黑花色双套配吗？在♠花色可以压制其他花色的前提下，这个1♥叫牌既提供了不准确的信息，也将误导同伴。当然，唯一的解释有两点，第一是因为◆已适配，被惩罚时有安全着陆点；第二是以无大牌点做自由叫，可以误导对方，但这也同样误告同伴己方有大牌点，万一同伴误判，作出错误定约叫，后果不堪设想。综上所述，笔者完全有理由指出，南的这个叫牌反映了一种对叫牌不重视的"游戏观"。在作理论分析时，笔者必须告诫各位有意提高牌技的读者，认真认真再认真，此嘱。

（5）现在笔者要转而批评开室西家，显然第一，西缺乏重估自己一手牌值的知识与经验。第二，缺乏西不叫的前提考量、先加倍后出套与先出套后加倍同胚等价的理论素养（前述牌例已介绍）和基本排除东持有17HCP5张♥的推理。第三，西还没有掌握"两套可打"叫牌理论（前述牌例已介绍）。第四，对于6低5高两套牌没有维系后续叫牌的理论素养。西此时的最佳叫牌是2♣或2♦，前者示弱牌力，后者示有限牌力。当东家能主动扣叫♦或♥花色示强时（2NT也属示强叫），♠和♣的配合就呼之欲出了。当西家了解到东的♦或♥控制情况时，满贯定约基本掌握在手了。

从闭室南家的3♦阻击加叫，西家已经能够采集到南北方联手牌点较弱和己方联手牌可以有局的"泄露信息"。对此，西家本着两套可打原则，应当叫出4♣表达4阶可做十墩的积极态势，当同伴再作4♦扣叫，自己的♦K获得增值，再补出4♠（同级示选，明显6-5套），东家就不难叫进满贯定约了。笔者认为西家的3♠叫牌缺乏积极进取。

笔者不厌其烦地分析本例，就是为了提高普通牌手在竞叫尤其是激烈竞叫过程中对各类信息的分析能力和争局争贯技能。

牌例 29

来源

总第17期（1989.1，P8）
西发牌　双方有局

♠ A K 10 6 4
♥ Q 6
♦ A Q 5 3
♣ A 6

♠ 2
♥ 10 9 7 5
♦ 9 8 6
♣ K 8 4 3 2

　　北
西　　东
　　南

♠ J 7 5 3
♥ 4
♦ K J 10 7 3
♣ Q 9 7

♠ Q 9 8
♥ A K J 8 3 2
♦ 4
♣ J 10 5

（A）开室　　西　　　　北　　　　　东　　　　南
　　　　　Forrester　Murray　　Brock　　Kehela
　　　　　—　　　　1♠　　　　—　　　　2♥
　　　　　—　　　　3♦　　　　—　　　　3♠（3♥）
　　　　　—　　　　4♥（4♣）　—　　　　4NT（4♠）
　　　　　—　　　　5♠（4NT）　—　　　　5NT（5♦）
　　　　　—　　　　6♦（6♥）　—　　　　6♥
　　　　　=

（B）闭室　　西　　　　北　　　　　东　　　　南
　　　　　Baran　　Sheehan　　Molson　　Flint
　　　　　—　　　　1♠　　　　—　　　　2♥
　　　　　—　　　　3♦　　　　—　　　　3♠
　　　　　—　　　　4♣（4NT）　—　　　　4♥（5♦）
　　　　　—　　　　6♠　　　　=

回顾

本牌例出自1988年在意大利水都威尼斯举行的第八届世界奥林匹克桥牌队式锦标赛。经笔者仔细核查，这是前四名晋级赛中加拿大队对阵英国队的第20副牌。文章中的A指开室，B指闭室。叫牌过程原撰稿人误记，在括号内的记录是原刊文字，无括号的系笔者依比赛公报记录予以校正后的内容。同时笔者将8位参赛牌手的姓名补上。

撰文内容如下：从A例来看，南在关键性第二次叫牌中再叫3♥，不急于支持♠，所以定在6♥定约上，而B例在2♥之后急于支持♠形成6♠定约，结果定约宕一。

理论点解析

（1）从校正的叫牌过程看，两轮到南家的3♠，开闭两室是相同的，两位南家都表示了对开叫花色♠的支持（3张一大牌），并非如撰稿文所称的A例南家叫3♥强调♥花色的6张长套，B例南家急于支持♠花色。

撰文中的A例，北家既然在3♥的前提下扣叫4♣，那么南家的4♠又是何意呢？首先，南没有扣叫4♦，说明♦花色上既无K也非单张；其次越过4♥叫回4♠只说明♠花色有3张支持，也未能证实♥花色上的大牌结构。那么，4NT关键张问叫应该是围绕♠询问的，5♦答叫按0/3、1/4顺序解释为一个A，北家在南4♠示弱后不清楚♥K、♠Q、♦K、♣K的情况下，跳叫6♥显属冒险一搏。笔者试分析A例时疑窦丛生。

撰文中的B例，北家没有4♣—4♠这一叫牌顿挫，而是直接4NT围绕♠花色关键张问叫，在上文同样的情况下冒险博取6♠定约。笔者对照A例叫牌，也是疑问重重。因为撰稿人对两例叫牌均不作评论，笔者不得不认真校正。

（2）一经核查，发现错误百出，但也揭开了笔者的疑惑。

首先，开室北家3♠后很英明地叫出4♥，显示红心也有配合的机会（Q×或J××），北家持19HCP，不怕南家停叫。笔者对南叫4NT、5NT后的答叫也不甚了了。但据公报主编Francis解说，Murray的4♥如仙乐一般进入Kehela的耳中，既实用又富于想象力，4NT属于老派的Blackwood问叫，5NT是大满贯试探，最后是南选择了6♥，北思考良久，感觉到7♥要充足的牌张，最后Pass了。

其次，闭室北家3♠后扣叫了4♣，南家叫4♥（强调♥长度还是扣叫♥大牌，含义不明），北家思考良久跳叫6♠，终止了叫牌进程。从本例来看Francis解说：6♠明显地劣于6♥，而且没有想到让同伴了解你的牌力后有可能越过小满贯叫进大满贯。

（3）然而，围绕本例正误叫牌过程，6♥和6♠定约的前成后宕，能给读者提供什么理论解释点呢？撰稿人唐继祖先生没有说，公告撰稿人Francis也没有说。笔者认为，问题可归纳为知道存在5-3和6-2两套配花色（且AKQ大牌已全），选择哪门花色为将牌更为安全。

在将牌必须不失一墩的前提下，查《审定桥牌百科全书》数学数据表（Mathmatical Tables）词条：在确定8张配合的情况下，对方呈4-1分布的概率为28.26%、3-2分布的概率为67.83%、5-0分布的概率为3.91%。但从持5张长套的一方看，出现5-4-3-1分布的概率为25.921%；但从持6张长套的一方看，出现6-4-2-1分布的概率为28.282%。显然就本例来说，似乎选择6♠定约要稍优于6♥定约。这就真是本例理论的解析的答案吗？

（4）从上述理论引申的另一个理论点是：如果副牌花色保证安全，配合的两套仅需做通一套，即在本例中，♥/♠两套允许一套做通，另一套虽失一墩也能做通的情况下，最安全的定约就是6NT。

以本例为据，北定约6NT，即使东首攻♣×，♣J后♣K顶去♣A，最后东家在♠与♣上受到挤压（当然依据攻小有大的约定，庄家用♠A盖吃♣K后，倒飞东家有♣Q也能安全完成定约）。如果东家首攻♥，北家可以很安全地送出一墩♠完成定约。当然东家首攻♠或♦是不可能的，首攻♣Q也让庄家♣

J10做大一墩，从而在♥做通的情况下完成定约。

撰稿人未仔细讲解，笔者从开闭两室的北家没有抢先取得无将做庄位置，还得批评牌手缺乏全局分析的大思路。Sheehan如果在4♥后跳叫5NT，无论Flint定约6♥或回归6NT，都能成功完成满贯定约。

（5）最后，笔者还要陈述戏剧性的结果，依据公报报道，闭室东家Flint并没有犀利地首攻♣，而是首攻单张♥4，庄家♥Q进手后连打四轮♠将牌，轻松完成6♠定约。双方并无大输赢。

那么，撰稿人文中的"6♠定约结果宕一"属于子虚乌有，推荐本例的作者该打板子了。

牌 例 30

来源

总第17期（1989.1，P9）
东发牌 双方有局

```
              ♠ 8
              ♥ A K Q 6 5
              ♦ 10 4 3
              ♣ Q J 6 3

♠ K Q J 5        北        ♠ A 10 9
♥ 7 3 2      西     东    ♥ 9
♦ A Q J 9        南        ♦ 8 7 2
♣ K 10                    ♣ A J 9 5 4 3

              ♠ 7 6 4 3 2
              ♥ J 10 8 4
              ♦ K 6 5
              ♣ 8
```

A	西	北	东	南
			—	—
	1NT	—	2♣	—
	2♠	—	3♣	—
	3♦	—	3♠	—
	4♠	=		

B	西	北	东	南
			—	—
	1NT	—	3NT	=

回顾

A例因叫牌仔细避开♥空门而定上4♠，虽然分配不利，但最后还是完成了定约。B例却连输五墩♥定约宕掉。

查阅世界桥联的1988年第八届世界奥林匹克桥牌队式锦标赛公报，没有刊载这个牌例。联想到前述牌例29的失误，估计是撰稿人带领中国队参赛时旁观记录的牌例，因此开闭室和牌手均未记录。

理论点解析

（1）撰稿人赞赏A例东西方因叫牌仔细而获得圆满的结果，B例东西方则因叫牌粗糙而使定约宕掉。笔者认为这个赞赏尚未深入讨论，还得仔细探讨。

先讨论B例，作为普通牌手在平时打牌中，持着东的一手单套牌，面对同伴的强1NT开叫，本着摸一把的心态，直接关叫3NT，也是有一定理论依据的。一般的入门级桥牌书籍，称之为不把情况过于细致地暴露给敌方。这也属于一种经验型理论，在低级别比赛中屡试不爽。笔者认为这种"理论"的基础，是建立在对手方防守水平不高的前提下。当一位普通牌手随着牌技水平的提高，会更多地参与较高级别的比赛，那时你所遇到的对手防守技艺可能相当有水平，因此千万不能抱有侥幸心理。

通常情况下，联手牌的大牌点总量已经达到合理成局定约要求的统计量，牌手进局定约的成功率往往可达70%以上，但是总也存在20%上下的不成功。我们通常总说桥牌比赛的胜负取决于少失误，而不是多博大胜。因此，当一对牌手经过一系列的叫牌，感觉成功概率距离50%尚有一截时，应当力争停在部分定约，只要能得正分，也都不算失败，这种部分定约也称边缘定约（Borderline Contract）。

最常见到的就是越过3NT停在4阶的低花定约。合理的3NT定约的大牌点总量约为24~25HCP，合理的5阶低花成局定约的大牌点总量约为27~28HCP。有时联手大牌点总量已达25~26HCP，由于一门花色缺乏止张而强行叫进5阶低花定约，又存在直接的三个快速输墩，此时，牌手就应当冷静地停在4♣/4♦边缘定约上，坚持得正分原则即得分原则。

（2）基于以上理论节点，A例东家在同伴强1NT开叫后，正确使用2♣斯台曼约定问高花，了解到西持有4张♠（如果西应叫2♥，东就有机会将定约确定在3NT上），然后再叫出3♣，显示持有较好的♣长套，并保持叫牌的开放姿态。当西家3♦显示♦止张后，东的3♠越过了显示♥花色有止张的3♥，不仅维持了叫牌进程，而且谨慎兼有弹性。西家将定约调整到4♠，是基于如果东只有2张♠，他不会作2♣斯台曼问叫后再叫出3♠。另外，东已经明示♠上有一大牌，则只有东存在短将牌将吃机会且不会浪费♠A，联手在♠将牌上能保持全面控制，结论4♠还是安全的。

如果东家持有 6♣-3♦-2♥-2♠，不宜先使用斯台曼约定叫时，西家就该安全叫出4♣（叫牌进程为1NT—3♣—3♦—♠—？）。

（3）早期的标准制1NT开叫后，2NT应叫显示简单进局邀叫（Game Invitational Bid），3♣/3♦也是持♣/♦长套的邀叫。这样持极弱低花长套（通常6张套或以上）只能先Pass，待对手方做惩罚性加倍后才能逃叫。当代叫牌因科学化与模块化的演变，目前对强1NT叫牌的后续叫牌做了很大的修订，兹介绍如下：

a. 2♣高花Stayman ——邀叫进局牌力（不一定有4张高花套，应作提示），如找到高花4-4配合，则加叫到3阶，否则再叫2NT或者3♣/3♦（有♣/♦长套）；

b. 2♦/2♥转移叫（Transferm Bid）——显示♥/♠长套，后续作放过或修正（Pass or Correct）确定定约；

c. 2♠低花Stayman ——邀叫进局牌力（一定有一个4张低花套，应作提示）；

d. 2NT特约叫——3♣接力叫（Relay），牌力或极弱或进局，视后续叫，要求同伴接力叫3♣，后续以放过或修正确定定约；

e. 3♣特约叫——3♦接力叫，牌力或极弱或进局，视后续叫，要求同伴接力到3♦，后续以放过或修正确定定约；

f. 3♦/3♥转移叫——显示♥/♠为6张套，邀叫牌力，请同伴低限叫3♥/3♠，高限叫4♥/4♠；

g. 3♠低花Stayman ——进局牌力，至少5-4低花两套，要求同伴叫出较长的低花套；

h. 3NT ——关煞叫（Game Close Bid）。

结合本例，如果东家持牌稍作变化为：

♠A9 ♥109 ♦872 ♣AJ9543

叫牌过程可变化为：1NT—2NT—3♣—3♠（示♣为6张以上套，进局牌力，♠花色有止张）—4♣—Pass。

牌例 31

来源

总第17期（1989.1，P9）
东发牌　南北有局

```
                    ♠ Q 10 4
                    ♥ 3
                    ♦ Q 9 8 5 4
                    ♣ K J 8 2

  ♠ K 6 3                           ♠ J 9 7
  ♥ A K J 6                         ♥ Q 10 9 5 4
  ♦ A 10 2                          ♦ K 6
  ♣ 7 5 4                           ♣ A 10 6

                    ♠ A 8 5 2
                    ♥ 8 7 2
                    ♦ J 7 3
                    ♣ Q 9 3
```

叫牌进程：

西	北	东	南
		—	—
1NT	—	2♦	—
2♥	—	3NT	=

回顾

东作转移叫后叫上3NT，西十分老练，在♥牌力重复下居然停住打无将而不打4♥，值得我们学习。

笔者在第八届世界奥林匹克桥牌队式锦标赛公报上没有找到本例，无法提供更详细的情况。

理论点解析

（1）撰稿人评论"值得我们学习"，那么要学习哪些理论点呢？首先，西家持4-3-3-3平均牌型，且4张♥套，与同伴2♦雅各比♥花色转换叫显示的5张♥套形成极好配合。由于西家没有4张旁套，在同伴持有的双张套上不能让同伴的第四、五张将牌形成将吃，从而让♥将牌套能提升出六个赢墩，因此西家确认♥上只能取得五个赢墩，加上♠K和♦A及同伴从2♥答叫直接速达3NT显示的9-10HCP，扣除♥Q的2个HCP，剩余7-8HCP可折算两个赢墩，合计九个赢墩。这样一来，4♥定约所需的第十个赢墩就成了完成定约的关键。其次，东家在♥上仅持有Q，并且自2♥答叫后直叫3NT，表明在其他三门旁花中大牌分配较为平均，也未再叫新花显示旁门花色大牌集中的特点，西家希望除♥外在其余某门花色上连得三墩的设想可能不会实现。那么本着"谋九不谋十"的实战原则，理应谨慎地选择3NT定约。

（2）要告诫普通牌手的第二条理论点，是在叫牌理论中，除了技艺方面外，也存在心理方面的研究课题。有时候在习惯了众多约定叫后，牌手们会形成一种惯性思维，一发现某些花色或大牌配合时，心理上会猛然产生一种强大感，有时会冲动地叫出一个平时安静思考后不会叫出的定约，有时也会不顾一切地设想对手方必定有一个成功的定约，从而作出不计后果的牺牲叫。这就要求牌手在叫牌时一定要冷静，力争准确选择更恰当更合理的定约。这也是叫牌中追求比较优势的理论表现。

（3）某些牌友就本例也会提出，对3NT定约西家缺少对♣止张的考量。笔者在此需要指出，这是因为雅各比转移叫的后续叫牌在众多桥牌书籍中被过于忽略。国外桥牌书籍中被大师与作家设计出来的林林总总约定叫，均已形成一系列的专著专册，牌手们可以购置供搭档间研讨和调整。就本例而言，笔者也提供一个版本供读者参考：

1NT—2♦

—2♥：低限或♥配合较差；

—2♠：高限，♥有4张支持，♠有止张；

—2NT：高限，♥至少3张一大牌配合，♠有止张；

—3♣：高限，♥有4张支持，♣有止张（暗含♠无止张）；

—3♦：高限，♥有4张支持，♦有止张（暗含♠、♣无止张）；

—3♥：低限，♥有4张支持。

1NT—2♥：转移叫后的续叫，读者也可循上述规律推导出来。

牌 例 32

来源

总第17期（1989.1，P16、23、24）

A例

♠ A K Q 10 7　　　　　　♠ J 9 8 7 5 2
♥ A 4　　　　北　　　　♥ K Q J 9
♦ A 6 2　　西　　东　　♦ J 7
♣ A 10 7　　　南　　　　♣ 9 2

北京队　　　西　　　　东
　　　　　　1♣　　　　1♠
　　　　　　2♠　　　　2NT
　　　　　　3♣　　　　3♥
　　　　　　4♦　　　　4♠
　　　　　　6♠　　　　=

B例

♠ A Q 10 7　　　　　　♠ K J 9 2
♥ 8　　　　　北　　　　♥ A J 6 4
♦ A Q 10 9 8　西　　东　♦ K 4 2
♣ A J 2　　　　南　　　　♣ K 6

上海队	西	东
	1♦	1♥
	1♠	2♣
	3♦	4NT
	5♣	5NT
	6♣	7♠
	=	

C例

♠ 5
♥ K 9 2
♦ K Q J 6 2
♣ K 6 5 3

北
西　东
南

♠ A K 2
♥ A Q 10 5 4
♦ 10 7
♣ A J 2

闭室	西	东
台北队	1♦	1♥
	2♣	2♠
	3♥	4♣
	4♥	=

开室	西	东
上海队	1♦	1♥
	2♥	3♣
	3♦	4NT
	5♣	6♥
	=	

回顾

A例，毫无疑问，这个几乎100%的6♠定约是应该叫到的，但要求科学叫出就不那么容易了。并且，撰稿人相信这是几乎各种叫牌体制的"死角地带"，除了有相当功底、配合默契的牌手，一般是叫不上去，即便是叫上去了也是牵强附会的。如上，西的2♠是将牌问叫；3♣是控制问叫，东答3♥是表示有Q或者双张；4♦是问控制，东的4♠答叫同样是有Q或者双张。这样，东持如下类型的牌，则叫牌同上：♠J×××× ♥KJ×× ♦J× ♣Q×。倘若首攻♦，成功机会就很渺茫了（要求♦6-2分配，且持6张♦的一方同时持有♣K；或三轮将吃下♥Q，用♥J垫西一张♦，并用♦J投入持♦大牌的一方，如进右手方，则需要判断其持有的♣K或♣J；如进左手方，则需左手方同时持有♣K）。

B例，西家跳叫3♦显示有16~18个大牌点，东知道西有三个A且无K时，便想到♦Q和♠Q大都该有，所以直上7♠。

这副牌出自1988年8月香港桥牌协会举办的国际城市桥牌邀请赛公开团体赛中上海队与悉尼队的比赛。悉尼队仅叫到6♠，结果上一。

C例，这一副牌出自同一邀请赛中上海队与台北队的比赛。这一副牌上海队净胜13IMP（为便于讲解，将原牌例南北向的牌调整为东西向）。

理论点解析

（1）观赏一副牌例，首要之点在于抓住牌例体现的理论节点，其次是阐述理论知识点之间的逻辑关系，最后是评论文章的行文。作为读者，具备批判精神阅读桥牌评论则是至关重要的。俗话说内行看门道，外行看热闹。有时，看出别人牌例评论中的错误也能提高自己的牌技，所谓"它山之石，可以为错""相切相磋，各长其仪"。

A例评论首先称"这个几乎100%的6♠定约是应该叫到的，而且毫无疑问"，笔者的疑问是这个结论"应该"在摊牌前就"毫无疑问"作出吗？第二个评论是"要求科学地叫出"6♠定约就不那么容易，难道撰稿人希望普通牌手"非科学地叫出"6♠定约？第三个评论是各种叫牌体制对本例在理论设计上落入"死角地带"，而能够跳出死角的牌手必须是超出"相当功底"极其"配合默契"，否则"一般叫不出来的，即便是叫上去了，也是牵强附会的"。笔者设想如果那些尚未达到"相当功底""配合默契"的牌手叫到6♠定约，就不能和撰稿人心目中的高手获得同样赞赏评价，因为他们的叫牌仅是"牵强附会"的。对于A例撰稿人的这种评论笔者实在不能苟同，反而感到有吹捧北京队牌手之嫌。

笔者现在尝试"科学地"分析一下A例的叫牌思路。本例北京队牌手使用精确体制。1♣开叫后应叫1♠保证≥8HCP，5张或以上♠套，逼叫进局。再叫是2♠加叫，表示选定♠为将牌花色，并启动约定性问叫——♠将牌问叫。开叫人持有♠AKQ107，不问叫也能知道，答叫一定是第一级2NT，即无AKQ大牌的5张套。3♣是花色控制问叫，答叫3♥是第二级即Q×，Q××或××三种情况（当然，特别例外的还有Q领头的4张套、5张套）。4♦是继续花色控制问叫，答叫4♠仍是第二级有Q×、Q××或××。现在开叫人由4♠直接跳进6♠小满贯。笔者从上述叫牌过程分析，试问应叫人若持有♠J××× ♥KQ ♦Q×× ♣Q××，没有不符合前面所述的答叫过程吧！这样的一手牌与开叫人所持有的牌相结合，如果♣Q和♦

Q都被防守方盖吃的话，定约恐怕连4♠都做不成。再问，应叫人若持有♠J××× ♥Q×× ♦K× ♣K××，如果♥Q被防守方盖吃的话，6♠定约同样也做不成。撰稿人强行设想应叫人持有♠J××× ♥KJ×× ♦J× ♣Q×，并试图分析叫牌的合理性，笔者要问，撰稿人从哪一个叫牌中可以得出应叫人持有♥4张套，或者有"相当功力"能猜到应叫人持有♥4张套，或者有他人不可预知的"配合默契"能够预知应叫人还持有♥4张套。

　　笔者现在依据较为合理的叫牌理论，尝试分析A例如下：1♠应叫后，开叫人已经看到联手已取得♠的5-5配合，也就是说，唯有应叫人持有3-4张♥套，联手方将牌赢墩可以从五墩提高到六墩或七墩，如果♥为3张套，则将牌赢墩只有六墩，还需要保证♥一墩不失，这样高花可得八墩，那么低花就必须保证四个赢墩，即至少应叫人还应持有♦K、♣K，即应叫人必须持有♠J×××♥K×× ♦K× ♣K×× 或♠J×× ××♥K×× ♦K× ♣K×。如果♥为4张套，在♥不失的情况下，联手牌不形成镜面对称，即将牌赢墩上升为七墩，获得6♠定约成功的几率就大大提高，牌张分析也能简化。所以结论是应鼓励应叫人叫出第二长套，即便是有一低花长套，成约的条件也大大宽松。理应不先实施将牌配合叫，平静地再叫1NT既节省叫牌空间，又充分给予应叫再出第二长套的机会。试以本例实际，叫牌进程变化为1♣—1♠/1NT—2♥/2♠—2NT，应叫人已告知同伴持有≥8HCP、5♠-4♥-2♦-2♣的一手牌，开叫人也告知同伴持有≥16HCP、♠好配合的一手牌。以后3♥花色控制问叫，4♣答叫持K（第三级）；4♥继续花色控制问叫，5♣答叫持♥QJ（第三级）；此时应叫人持有♦K或♣K都可以通过问叫获知，那么7♠定约都唾手可得。

所以说，镜面对称知识点是普通牌手应当熟知并熟练运用的叫牌理论。

（2）B例上海队使用的是与标准制同类的"自然叫牌体制"。通过1♦—1♥/1♠—2♣/3♦叫牌可以获知开叫人持有16-18HCP牌力和5张♦、4张♠牌型，应叫人持有4张♥套和13—15HCP逼叫进局的牌力。快速的4NT关键张问叫和K问叫，使得应叫人获知开叫人不持♥K，但远远不能"如此大胆"地"想到♦Q和♠Q大都该有"，"所以直上7♠"。设想开叫人持有♠A107×　♥Q8　♦AQ1098　♣AJ，与♠KJ92　♥AJ64 ♦K42　♣K6相结合，将牌需要两面飞Q，♥还需要飞牌，7♠定约成功的概率能超过50%吗？

笔者认为，在中国象棋和国际象棋中，有一种称之为顿挫的战术，即对尚不具备完整打击的局面先作出貌似闲着的招法进行局面调整，然后实施得子或攻王的打击。将此术语借用到桥牌叫牌理论中，称之为顿挫叫牌法，即利用冗余叫牌空间作出一系列的盘旋式叫牌，使联手双方更充分地收集信息用于分析。接续以上叫品，3♦—3♠/4♣—4♦这两段叫牌确认了♠/♦的双套配合，而且表达了♣/♦的控制情况。此时满贯问叫易手，由开叫人发动：4NT—5♦/5NT—6♣。需要说明，此时的4NT关键张问叫还可以采纳双套配合6个关键张问叫，在本例中就是♦/♠中的K都纳入关键张需要答叫。这样从5♦开叫人获知应叫人持3个关键张，由6♣获知应叫人还持♥K或♣K中的一个，开叫人就不难数出十三个赢墩，7♠定约就呼之欲出了。

双套配4NT关键张问叫的答叫如下：

4NT—5♣：1或4个关键张；

—5♦：0或3个关键张；

——5♥：2或5个关键张，无双套配合花色中的Q；

——5♠：2或5个关键张，有双套配合色中的一个Q；

——5NT：2或5个关键张，有双套配合花色中的两个Q。

笔者认为，经过上述顿挫盘旋叫牌的过程，叫进大满贯7♠定约更有说服力。

（3）C例的撰稿人对上海队与台北队各自的叫牌过程给予评论，但上海队叫到6♥定约，取得分差13IMP，无形中传达了撰稿人的评价倾向，笔者觉得尚需多讲几句。不以成败论英雄，找出两队对叫牌理论的理解差异，才能提高自己的桥技水平。

两队使用的叫牌体制均是与标准制同胚的改良自然体制（估且称之）。1♦–1♥后两队分道扬镳，台北队的2♣再叫显示了5♦–4♣牌型与12~15 HCP牌力，可谓中规中距，上海队的2♥加叫是表示对1♥应叫有4张♥的配合性支持，正是基于这一支持激发了上海队的进贯意志。但应叫人未能获知开叫人的5张♦、4张♣的牌型信息，两相对比，上海队多半是在"不甚真确"的基础上建构满贯定约。台北队以2♠、上海队以3♣逼叫传达了应叫人的牌力范围。台北队的3♥叫牌，使5-4-3-1牌型立体呈现，今后叫牌的走向何去何从，应叫人应当警觉。上海队的3♦叫牌，给出的信息极为有限，只显示了4张♥和4张♦的牌型信息，也许是4-4-3-2，也许是5-4牌型，也许是4-4-4-1，总之信息量并不充分。上海队以4NT启动满贯试探，再次表明应叫人的满贯试探意愿在开叫人的2♥再叫上早已确立。就这一点笔者认为失之草率，♦A、K在何方？首攻♦提前剥夺选择机会，降低满贯定约成功概率。满贯试探叫人胸有成竹吗？英雄不能仅靠蛮力。开叫人可能持有♠×× ♥K9×× ♦KJ62 ♣KQ×。台北队的4♣实在令人暧昧，也许自己已经看到♥有5-3配合，可是开叫人并不明白。也许应叫人持有♠Q×× ♥AQ10× ◆A× ♣AJ××，对3NT定约♠不够安全，直接叫5♣也没把握，4♣只是一个谨慎的等待叫。因为存在短将牌将吃♠的可能，开叫人选择4♥也算是比5♣更有成效的叫品，至少4♥成局定约只需取得十个赢墩，安全度高于5♣。台北队就在这一来一去的拉扯叫中失去了6♥满贯定约。

笔者提出：台北队应叫人为何不叫3♠？这个看似匪夷所思的3♠，开叫人如何认知呢？如果是扣叫，那么♥的5-3配合将牌确立；如果是♥和♠的6-5套，核对应叫人的低花A就成了是否叫进6♥的关键。

笔者认为，如何细致挖掘同伴信息或尽可能地详细传递己方信息都是叫牌理论研究的课题，普通牌手在这方面下的功夫还不够。而以成败论英雄的标准衡量叫牌水平则是失之偏颇的。

牌 例 33

来源

总第18期（1989.2，P6）
北发牌　双方无局

```
              ♠ Q 4 3
              ♥ Q 7 3
              ♦ Q 8 7 4 3
              ♣ 7 5
♠ A 10 9 8 2            ♠ K 7
♥ A K 9 8    北         ♥ 10 6 5 2
♦ K J      西  东        ♦ 5 2
♣ A J        南         ♣ Q 10 9 8 4
              ♠ J 6 5
              ♥ J 4
              ♦ A 10 9 6
              ♣ K 6 3 2
```

开室	西	北	东	南
	黑龙江队	华兴B队	黑龙江队	华兴B队
	—	—	—	1♥
	×	1NT*	—	—
	×	2♥	—	—
	2♠	—	3♣	=

闭室	西 华兴B队	北 黑龙江队	东 华兴B队	南 黑龙江队
	—	—		1♥
	×	2♥	—	
	2♠	—	3♣	—
	3NT	—	4♠	=

*1NT相当于正常加叫2♥。

回顾

首届"华兴公司杯"全国青年桥牌赛于1989年2月14日下午在北京拉开战幕,由四名北京青年牌手孙向农、朱青宏、丁鹏、丁宇澄组成的"华兴B队"在公开组15支队伍的激烈角逐中,历经四天九轮204副牌较量,先以5胜2负的成绩位列B组第二进入决赛,又再接再厉,连克上海、黑龙江两强,终于夺走了"华兴公司杯",成为中国第一支青年桥牌冠军队。

本例是华兴B队小组赛中对黑龙江队上半节的第1副牌。有趣的是,两队的南家在第三家都使用了相同的心理叫,但最后结果却并不相同。华兴B队在开室的1♥开叫导致黑龙江队只叫到3♣,定约正好打成。黑龙江队在闭室的1♥开叫没有影响华兴B队叫上4♠定约,结果超二完成定约。

撰稿人对本例仅就出现输赢的结果作了报道,并认为很有趣,对于1♥心理叫的合法性、正常性、效果性等均不置一词。笔者认为介绍牌例的目的就是要让读者能够在读牌例中学到一些理论知识,在读牌例后能举一反三增长牌技。

笔者针对本牌例所涉及的心理叫及诈叫课题,颇费心思,斟酌两月,翻查资料,检索爬梳,实在难以理论立论,只能予以若干理论性解释。

理论点解析

（1）中国桥牌界对本例的1♥叫牌俗称为诈叫，只有在正式场合才称之为心理叫。大多数牌手将诈叫与心理叫视为同一含义。

中国桥牌协会审定的1991年版《中国桥牌竞赛规则》第40条"同伴间的默契"中是这样说的：

"只要不基于同伴间的默契，赛员可以不需事先声明，而作任何方式的叫牌或打牌（包括旨在将他人引入歧途的诈叫、违反常规的叫牌与打牌，或违背赛前的声明及约定等）。"

这是诈叫/欺骗叫（Deceptive Bid）这个专业术语第一次登堂入室载入《中国桥牌竞赛规则》。英语术语Deceptive Bid则被桥牌耆宿周家骝先生翻译为以假乱真叫牌。

1999年版《中国桥牌竞赛规则》第40条"同伴间的默契"中则写道：

"只要不是基于同伴间的默契，赛员可以不需事先声明，而作任何方式的叫牌或打牌（包括旨在将他人引入歧途的叫牌，如心理叫，或违反常规的叫牌或打牌，或违背赛前的声明或约定的叫牌或打牌）。"

这一新版规则不再使用诈叫这个术语，而以心理叫术语替代。语句中的介词"与"和"及"以"或"替换。

但是，读者应当注意到，1991年版的"旨在将他人引入歧途的诈叫"被"包括"了，而"未"将他人引入歧途的诈叫反而不被"包括"，其中的含义是相当令人多思的。1999年版则相对清晰，"心理叫"被包括在"旨在将他人引入歧途的叫牌"范围内，那么还有哪种不算作心理叫的叫牌也能"旨在将他人引入歧途"呢？读者也宜深入体会。

那么，何谓心理叫？1999年版竞赛规则定义篇明确载明：

"心理叫（Psychic Call）——蓄意作出的对大牌点力或花色长度有重大歪曲的叫牌。"

定义篇同时指出："叫牌（Call），包含任何实质叫牌（Bid）、加倍（Double）、再加倍（Redouble）或不叫（Pass）。"

综合以上规定，心理叫（Psychic Call）应该包含心理性实质叫牌（Psychic Bid）、心理性加倍（Psychic Double）、心理性再加倍（Psychic Redouble）或心理性不叫（Psychic Pass）。

2013年，中国桥协颁布新的《中国桥牌竞赛规则》，它由中国桥协制定的中国竞赛规则中文本和世界桥牌联合会制定的2007年《复式桥牌规则》英文本组成。

其第一章第六条叫牌体系中针对心理叫写道：

"1. 心理叫指蓄意作出的对大牌牌力或者花色长度有重大歪曲的叫牌。

2. 只有叫牌者的同伴与对手同样无法预期的情况下心理叫才允许使用。

3. 主办单位可以对心理叫的使用作出限制。"

另外，需要注意的是术语"心理叫"并未在绿色、蓝色、红色和黄色叫牌体系中出现，仅在棕色约定叫相关款目中出现。

再查所附2007年《复式桥牌规则》第一章定义篇：

"叫牌（Call）：任何实质叫牌、加倍、再加叫或者不叫。

实质叫牌（Bid）：叫牌时叫出以指定的定约名目至少要赢得多少额外墩的具体名称的叫牌。

心理叫（Psychic Call）：蓄意作出的对大牌实力和（或者）花色长度有重大歪曲的叫牌。"

笔者仍要求读者注意"大牌牌力"与"大牌实力"不同用词之间的区别，因为一歪曲就差之毫厘、失之千里了。

再查第五章 竞叫篇 第40条"搭档间的协议"：

"A. 牌手体系的约定

1.（a）搭档间的协议，可以通过讨论明确地达成，或者通过牌手共同的经验和认识含蓄地达成。

（b）每对搭档有义务让对手在对抗开始之前了解他们之间的协议。具体由主管单位作出规定。

……

3. 只要不是基于搭档间没有公开的协议，牌手不必事先声明可以作出任何的叫牌或者打牌（参照第40条C款）。

B．特殊的搭档间的协议

1.……

2.……

（d）主管单位可以限制心理性人为叫牌的使用。

C. 对体系的偏离和心理性的行为

1. 在搭档不比对手有更多的理由知情的情况下，牌手可以偏离己方事先宣布的协议。但是反复的偏离会导致含蓄的协议，形成搭档间的默契，对此必须在约定卡上注明。如果裁判断定牌手对此隐瞒而给对方造成了损害，应当判给调整分，并且可以作出程序性判罚。

2.上述情况之外，任何牌手没有义务告诉对方他已经偏离了事先宣布的叫牌或者打牌方式。

3.……

（b）反复地违反公开的搭档间协议的要求，可能受到判罚。"

综合以上资料，了解世界桥联与中国桥协对心理叫的认知，笔者认为提出以下六点意见可供读者参考：

a. 桥牌界尚未严格、强行禁止、限制在比赛中使用心理叫；

b. 裁判要密切注意有使用心理叫的牌手与其搭档间是否存在默契；

c. 牌手虽然理论上有权使用心理叫，但其反复地违反公开的搭档间协议的要求，还是会受到判罚；

d. 牌手应尽量减少特殊的搭档间协议，因为不仅让对手产生怀疑，更可能让裁判误解你们的叫牌可能违反常规或违背赛前声明或约定，同时过多的特殊约定也易造成搭档间的误解或误记；

e. 世界桥联和中国桥协允许比赛主管单位限制心理性人为叫牌，或禁止黄色体系、棕色约定叫的使用；

f. 比赛裁判权从原来集中由裁判长裁量决断下放到裁判自由裁决容易加剧心理叫认知程度与判罚频度的偏离。

（2）查《审定桥牌百科全书》（第六版）欺骗叫（Deceptive Bid）条目，释义为参见引牌抑制叫（Lead-Inhibiting Bid）和心理叫（Psychic Bidding），也就是说这两种叫牌都属于欺骗叫。

心理叫（Psychic Bidding），周家骝先生翻译该书第三版时，提及了1931年由多罗西·赖斯·西姆斯（Dorothy Rice Sims）提出该术语，即一般含意是指制造假象的诈唬叫（Bluff Call），或者是为了假装在某一花色中有牌力或长度，或者是为了藏弱。同时叙述了早期的心理叫牌都是些漫无目的的叫牌，叫牌人除了在事后，从来不知道他所作的心理叫牌是福是祸。1952年左右，心理叫又以较为正式的形式成为罗斯—斯通叫牌法（Roth—Stone）、斯台曼叫牌法（Stayman System）、卡普兰—谢因沃尔德叫牌法（Kaplan—Sheinwold）的组成部分而重新出现。但是很多专家的意见认为，对于高水平的对手来说，这种心理叫牌从不会有什么可怕的作用，他们在持有好牌时根本不理睬心理叫牌的影响，仍然会采取积极的行动。总的说来，最有效的一种心理叫牌是叫牌人旨在对所叫花色的长度造成假象的叫牌。这类心理叫牌有时候是表示一个花色极短，有时候是表示一个花色有相当长度，并且在遇到对方的防守叫牌措施有漏洞时，这类心理叫牌可以得到极好的效果。

结合本例来看，华兴B队和黑龙江队均有使用了心理叫的嫌疑，笔者有理由认为，两队都出于类同心态的默契。鉴于本例发生在小组赛上半节的第1副牌，这个特殊的赛点成为两队赛员可形成事先默契的关键。

综合以上情况，笔者有必要告知普通牌手发生心理叫的一些现象：

a. 高水平牌手，在比赛中使用的频率远低于低水平牌手。

b. 高级别的比赛对使用心理叫较为宽容；低级别的比赛对使用心理叫限制较严，赛员的自律要求也较高。

c. 比赛中往往会出现某个阶段，对抗的一方感觉处于顺境状态，另一方感觉处于逆境状态，为了打乱比赛节奏，心理叫发生的频度会较高于平均频度。

d. 叫牌中心头涌出对方可能使用心理叫的念头，不要急于进行发问，也不宜过度长考，因为这会使事后解释复杂化。首先要确认对方是否按规则提示，其次要善于使用埋伏与平衡叫，如果你与搭档赛前没有约定，受点损失也不必气愤，因为是自己没有做好赛前的功课。

e. 搭档第一次扣叫对方自然叫花色，可以理解为问控制，但再次扣叫该花色时，应警觉是否真套，可以温和地向对方确认自然叫的相关约定及含义。

f. 搭档间不能在赛前把某一个赛点确定为可能使用心理叫，这种默契是违反竞赛规则和违背桥牌宗旨的。

g. 牌手对己方叫牌体系和约定卡内容的解释，应有明确和清晰的术语和语句，切忌模棱两可的表述及隐瞒。

（3）这里要介绍与心理叫不同但也归类为欺骗叫的一种叫牌——引牌抑制叫（Lead-Inhibiting Bid）。《审定桥牌百科全书》第三版中译本相应词条译名为抑制首攻性叫牌，内容：这是一种战术性叫牌，具有半心理叫牌的性质，其设计目的是希望通过这种叫牌能够阻止对方首攻某一指定的花色。例如：

♠ K Q 6
♥ K J 7
♦ 8 6 2
♣ A Q 7 5

持这手牌时的正常叫牌应当是先开叫1♣，然后再叫1NT。如果为了抑制在做无将定约时对方首攻♦而开叫1♦，就是抑制首攻性叫牌。

另一常见形式为：

♠ ──
♥ K 7 6 5 2
♦ 9 2
♣ A K 8 5 3 2

在同伴1♥开叫之后，持此牌时立刻可以想到6♥或7♥的希望。于是此牌跳应叫3♦，就有可能阻止对方上来就兑现两墩♦。

笔者认为，第一例属于引牌抑制性开叫，第二例属于引牌抑制性后续叫。特别是第二例，随着现代叫牌设计理念的推进，双跳叫让位给单缺显示叫，1阶高花开叫后的3阶低花跳应叫让位给伯根加叫（Bergan Raise），实战中可能很难遇见。

笔者还推介第三类引牌抑制叫，即叫牌经过强开叫、进局逼叫，定将进入满贯试探叫阶段，一个4阶新花叫虽貌似扣叫，也有可能是一个引牌抑制叫。这种以假乱真的叫牌有可能形成一骗三的效果，干扰防守方首攻该花色的意志。

最新的桥牌竞赛规则对上述一系列强逼叫和定将后在4阶叫出新花色的情况作出无需提示说明的规定，使引牌抑制叫的"合法性"得以确立。

第四类引牌抑制叫的类型是叫牌人一系列的示套花色叫，掩盖了花色大牌张的分布信息，从而对防守方的首攻产生抑制作用。例如：

持：♠ 10 9 2
♥ 8 7
♦ K 7 3
♣ Q J 8 6 4

叫牌过程如下：

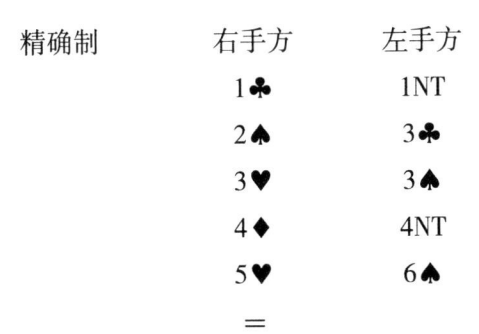

精确制	右手方	左手方
	1♣	1NT
	2♠	3♣
	3♥	3♠
	4♦	4NT
	5♥	6♠
	=	

试问首攻哪一张牌？

如果你首攻♦，庄家可能持 ♠AJ875 ♥KJ62 ♦AQJ8 ♣——

明手持 ♠KQ43 ♥Q93 ♦94 ♣A1052

如果你首攻♣，庄家可能持 ♠AJ875 ♥AKJ2 ♦QJ86 ♣——

明手持 ♠KQ43 ♥Q93 ♦94 ♣A1052

（4）笔者发现，在攻防双方激烈竞叫的过程中，也会出现若干异常的叫牌。这些叫牌具有介乎于心理叫或半心理叫的味道，都会对做庄或防守产生干扰作用，试举例如下。

2008年第10期（总第164期）桥牌杂志第44页刊载2007年《桥牌》杂志神华奖，最佳叫牌奖授予三辰集团桥牌二队侯勖牌手。牌例产生于2007年10月举行的全国桥牌锦标赛公开队式赛半决赛第一节中。

♠ 5 2
♥ A 8
♦ J 8 4
♣ A Q 10 9 4 2

北 西 东 南

♠ A K J 10 7 6
♥ —
♦ K Q 10 9 5 3
♣ K

读牌例　长牌技

第15副　南北有局

西	北	东	南
赵杰	李杰	福中	侯勖
			—
1♣	1♥	2♥	3♠
—	4♥	6♦	×
=			

西家开叫1♣，保证两张逼叫一轮，北家争叫1♥，东家福中扣叫2♥，表示至少6张♠或者5张♠+♣支持的邀请以上实力的牌。南家跳扣叫3♠是♥好支持的♠单缺斯普林特约定叫吗？北家叫进4♥。福中飞快地放上6♦的叫牌卡，然后南家加倍后三家Pass，叫牌结束。南家首攻♦A，继续攻♦，明手♦J得墩。福中如何判断♠Q的位置？♠花色飞牌还是将吃飞牌？此时南家还有1张将牌。福中思考良久，清掉了外面第3张将牌，然后马上飞♠，不幸的是南家侯勖亮出♠Q，定约宕一。全手牌如下：

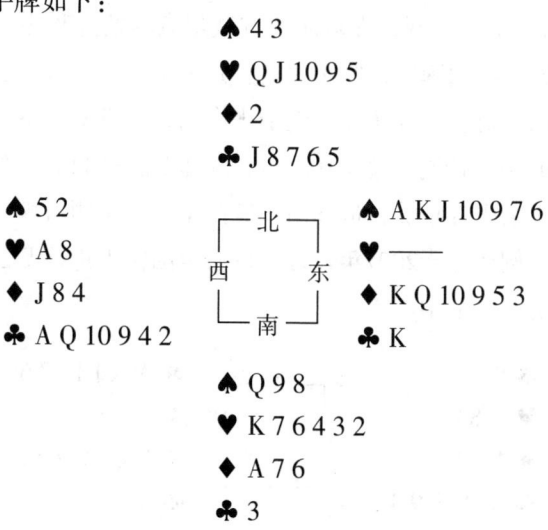

　　　　　　♠ 4 3
　　　　　　♥ Q J 10 9 5
　　　　　　♦ 2
　　　　　　♣ J 8 7 6 5

♠ 5 2　　　　　　　　　♠ A K J 10 9 7 6
♥ A 8　　　　北　　　　♥ —
♦ J 8 4　　西　东　　　♦ K Q 10 9 5 3
♣ A Q 10 9 4 2　南　　　♣ K

　　　　　　♠ Q 9 8
　　　　　　♥ K 7 6 4 3 2
　　　　　　♦ A 7 6
　　　　　　♣ 3

152

1997年第6期桥牌杂志第17页刊载周麒先生一文《示攻性5NT》。

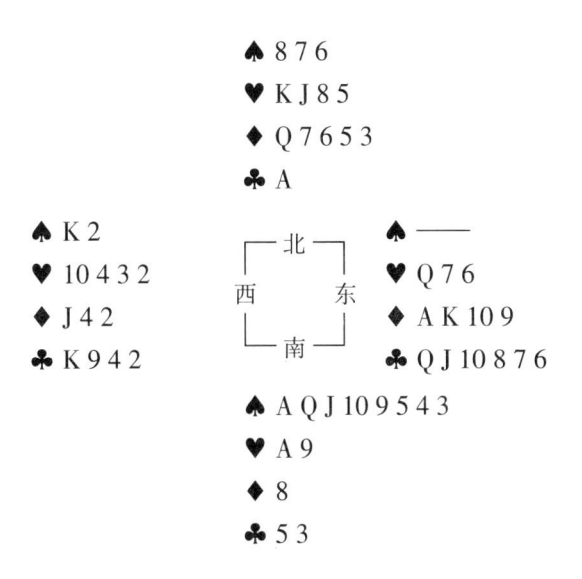

```
              ♠ 8 7 6
              ♥ K J 8 5
              ♦ Q 7 6 5 3
              ♣ A
♠ K 2                          ♠ ——
♥ 10 4 3 2      北              ♥ Q 7 6
♦ J 4 2      西    东           ♦ A K 10 9
♣ K 9 4 2       南              ♣ Q J 10 8 7 6
              ♠ A Q J 10 9 5 4 3
              ♥ A 9
              ♦ 8
              ♣ 5 3
```

这副牌发生在1996年美国举行的世界奥林匹克赛代表队的选拔赛中，叫牌如下：

双方有局	西	北	东	南
	Bobby Wolff		Bob Hamman	Larry Robbins
			2♣	4♠
	5♣	5♠	5NT	6♠
	×	=		

东家哈曼开叫2♣，按约定是6张♣，实力不够开叫强1♣。南家罗宾斯跳叫4♠进局，西家5♣牺牲叫，北家再叫5♠，力争有局奖分。东家可以6♣继续牺牲，但是顺路的5NT叫牌显示额外信息，西家对6♠做了加倍（判断♠K可得一

墩，5NT暗示另一得墩机会不在♣上，而在其他花色上），首攻♦定约即宕。

再举一例，是1995年在北京举行的世界百慕大杯赛四分之一决赛加拿大队对南非队的一副牌。

双方有局

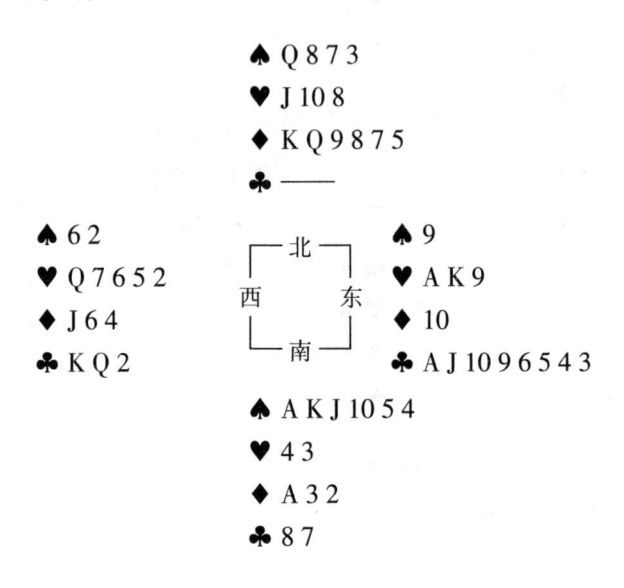

```
              ♠ Q 8 7 3
              ♥ J 10 8
              ♦ K Q 9 8 7 5
              ♣ —
♠ 6 2           北            ♠ 9
♥ Q 7 6 5 2                   ♥ A K 9
♦ J 6 4      西      东        ♦ 10
♣ K Q 2         南             ♣ A J 10 9 6 5 4 3
              ♠ A K J 10 5 4
              ♥ 4 3
              ♦ A 3 2
              ♣ 8 7
```

叫牌过程：

西	北	东	南
柯普	库克什	曼赛尔	席尔瓦
			1♠
—	2♦	3♣	3♠
5♣	5♠	6♣?	—
—	6♠	=	

南非队西家科普本手首攻♣K，庄家轻取十三墩，摸到6♠定约。试想，如果东家的6♣改为顺路叫出5NT，加拿大队还敢叫进6♠吗？若不相信5NT确有特殊信息，强行叫进6♠，西家首攻♥定约即宕。如果5NT为心理叫，南北家不敢叫进6♠，也可能会错失满贯定约（在东持♥A94，南持♥K3的情况下）。

以上例子，可以拓宽读者对欺骗叫牌的认识。

小知识

笔者遍查库存桥牌书籍，发现介绍欺骗打法（Deceptive Play）的很多，释意欺骗叫牌的较少。美国牌手、教师、专栏作家弗雷德·卡平（Fred Karpin）著有《The Play of the Cards, Psychological strategy in Contract Bridge》一书，中文版由蜀蓉棋艺出版社1990年12月出版，书名《骗招——桥牌比赛中的心理策略》。该书第一部分叫牌介绍了以假乱真和阻击性叫牌战术的必要性，以及以假乱真叫牌的历史沿革、实例和心理叫牌的策略等，值得一读。

弗雷德·卡平的另一本著述《Winning Play in Contract Bridge: Stratagy at Trick One》，中文版也由蜀蓉棋艺出版社在1987年5月出版，书名《定约桥牌的成功打法——第一墩牌的战略》。

牌 例 34

来源

总第18期（1989.2，P22）

国际桥牌出版协会（International Bridge Press Association 简称IBPA）是一个世界性组织，由来自世界各国的数百位桥牌作家（大部分是职业作家）组成。每年颁发数项桥牌个人奖，其中查尔斯·戈伦奖（Charles H.Goren Award）又称当年风云人物奖；约翰·西蒙奖（John E.Simon Award）又称当年运动员奖，该奖到1985年后终止；魏重庆"精确"奖（C.C.Wei "Precision" Award）又称体系或约定叫最佳作品奖；查尔斯·所罗门奖（Charles J.Solomon Award）又称最佳做庄奖；乔治·罗森克兰兹"罗美克斯"奖（George RosenKranz "Romex" Award）又称最佳叫牌奖。其中"精确"奖，因魏重庆去世，改由其遗孀杨小燕负责，自杨与亨利·桑德尔（Henry Sender）结婚后，该奖改称为桑德尔奖（Sender Award），又称最佳防守奖。

1988年最佳防守奖授予意大利牌手帕利莫·莱维（Primo Levi），这是一副三家受骗（Deception Anyone）的防守诱骗妙局。

```
              ♠ 10 6 3
              ♥ Q 8 4
              ♦ A K 7 5 2
              ♣ J 10

♠ J 4              ┌─北─┐        ♠ Q 9 5
♥ 10 9 7 3 2    西      东    ♥ 6  莱维（levi）
♦ 9 3           └─南─┘        ♦ J 10 6 4
♣ K Q 9 3                     ♣ A 7 6 4 2

              ♠ A K 8 7 2
              ♥ A K J 5
              ♦ Q 8
              ♣ 8 5
```

叫牌过程　　　　北　　　　　　南
　　　　　　　　　　　　　　　1♠（5张高花开叫）
　　　　　　　1NT（逼叫）　　2♥
　　　　　　　3♠　　　　　　4♠
　　　　　　　=

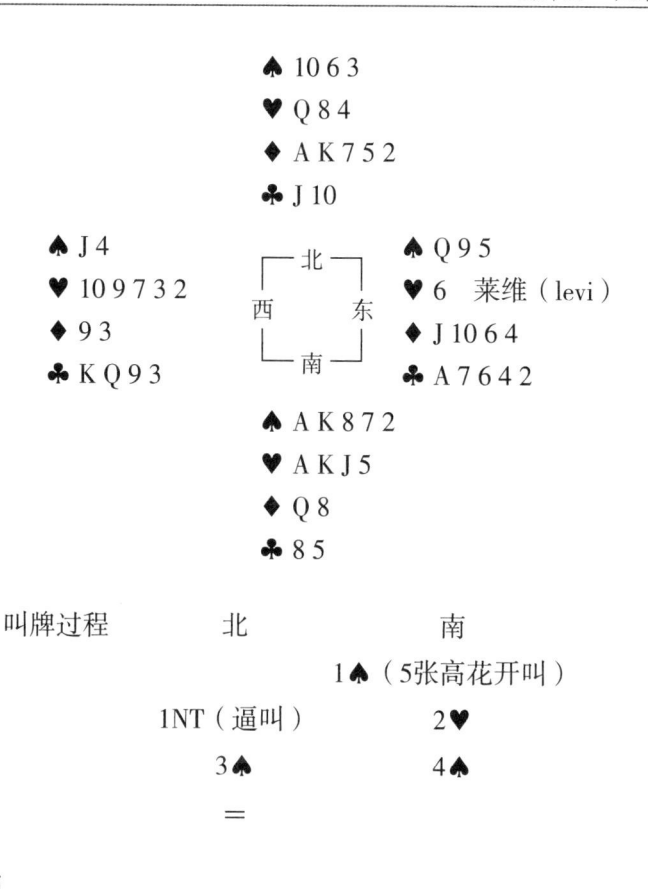

回顾

叫牌既简捷也不复杂，南主打4♠定约。

西首攻♣K，东跟♣7欢迎。西家续攻♣3，东♣A进手得墩，立即转攻♥6。庄家♥A停住，清将兑现♠A，东跌出♠Q！庄家为了防止西家还持有♠J95三张，从手上出了♠2期待做活明手的♠10。不料，西用♠J赢进，东放出♠5，庄家心头发凉。西再回出♥3，东用♠9将吃。一个稳成的4♠定约被莱维用一个绝妙的诱骗妙招打宕了。

理论点解析

（1）欺骗打法（Deceptive Play），也称诱骗打法，它既能发生在做庄也能发生在防守。《审定桥牌百科全书》的中文译名为以假乱真打法，词条又释意："以假乱真打法"这个术语本来可用于表示旨在将对方引至错误方向的任何一种打牌方法。但是审慎的著者倾向于限制这个术语，只用以形容庄家的这类打法。防守方的以假乱真打法，似用假牌打法（False-Carding）来表示要更为恰当一些。

假牌打法（False-Carding）也称打假牌，如果一个牌手为了迷惑庄家而打出1张不是他手中的最小牌时，就说明他在用假牌打法或打假牌（但是作为回声信号的开始打出的1张较大的牌不算假牌打法，因为这里并没有以假乱真的目的）。

"假牌"一词的来源是因为防守人通常都打出"真牌"，以便为同伴提供信息。而庄家则因没有需要考虑同伴的问题，所以没有义务要打出真牌，因此对庄家来说不存在假牌的问题。

庄家的以假乱真打法可以扩大应用到整手牌的打法上，而与此同时防守人在实际的打牌中，通常却只限于能够在一墩牌上打出1张假牌。因此为了方便起见，把防守方的以假乱真打法称为"假牌打法"，而把庄家的以假乱真的打法仍称为"以假乱真打法"（Deceptive Play），

（2）欺骗打法一般比欺骗叫牌形成更多更系统的理论解析，以假乱真打法也一般比假牌打法有更多更系统的著作介绍。以《审定桥牌百科全书》相关词条内容分析，以假乱真打法介绍了藏弱打法、藏强打法、撞死大牌打法、干扰打法

（扰乱防守方信号的打法）和其他以假乱真打法五个课题。假牌打法仅介绍了打出一张已知道的牌、将牌花色的假牌打法、对庄家没有迷惑作用的随机假牌、假信号、以假乱真首攻、中局和残局时的假牌打法等课题，但显得缺乏系统性。

为了让读者能对欺骗打法或诱骗战术有进一步的探索，笔者提供下列著作简明介绍。

（3）第一类，关于做庄的以假乱真打法。

《高级桥牌战术》（Reese on Play），Terence Reese著，人民体育出版社1977年版。该书第九章诱骗战术介绍了牌张的选择、请君入瓮、虚假的安全感、让防御者去猜牌、偷赢墩、防御中的假牌、打掉为人所知的牌、心理因素、著名的情势、引入歧途、遮掩弱套、深思熟虑的垫牌等12个例子。

《桥牌做庄技巧》，Terence Reese 著，蜀蓉棋艺出版社1986年版。该书第八章兵不厌诈介绍了8个例子。

《高级桥艺打牌法》，Terence Reese 著，蜀蓉棋艺出版社1987年版。该书是前述《高级桥牌战术》一书的异名译本，内容完全相同。

《桥牌战术剖析》，Terence Reese著，蜀蓉棋艺出版社1991年版。该书第三部分胜利到达终点之第二十一章假牌列出了6个牌例和2个测验题。

《桥牌高超做庄技巧》（Advanced Play at Bridge），H·W·Kelsey 著，科学普及出版社广州分社1982年版。该书第四章以假乱真中，作者的一段话值得记取："在打牌方法的讨论中，一般来说，把一个熟练的牌手看作是一个艺术家，还不如把他看作是一个技师更合适一些。在桥牌中唯一可以恰如其份当作艺术的部分，就是以假乱真这种打法，就这方面来说，牌手在其个人表现的方式上，比在技巧上更为重要。"
"在打牌中，主要的成效并不是得自你真正诈骗对方的时候，而是来自对方以为你在诈骗他们，但后来他们却遗憾地发现你并未诈骗他们（而是他们自己跳入"陷阱"）。"该章提供了15个牌例。

《桥牌高级打法》（原名《桥牌：专家思路》），H·W·Kelsey 著，广东科技出版社1985年版，该书第六章诱使错误给出了9个牌例。

《磨练你的桥艺技巧——专家牌手是怎样思考的》，H·W·Kelsey 著，蜀蓉棋艺出版社1991年版。该书是前述《桥牌高级打法》（原名《桥牌：专家思路》）一书的异名译本，内容完全相同，本书译文相对详细些。

（4）第二类，关于防守的假牌打法。

《续桥牌防守杀招》（More Killing Defense at Bridge），H·W·Kelsey 著，科学普及出版社广州分社1982年版。该书第十一章以假乱真垫牌中，作者说："以假乱真垫牌能够在对付庄家的残局打法上，特别是在对付投入法上，得到最大的报偿。专家水平的防守人都具有一个很高的素养，就是他们能够竭尽全力避免被庄家投入，以免被迫由他们从自己带大牌的花色中回出有利于庄家的牌。他们把自己被投入看成是最大的耻辱，因此，他们极少会让这种情况发生。相反，他们会决定把自己的一个花色的牌，垫剩成为单张大牌，借此让庄家不得不在飞牌、硬打、投入这三种打法之间进行猜断。不可避免地庄家有时候就会猜错，并随之失去他的定约，而这些定约如果在面对那些循着阻力最小路线打牌的防守人时，庄家都是能够做成的"。该章给出了10个牌例。

《桥艺超级防御》，H·W·Kelsey著，蜀蓉棋艺出版社1987年版。该书就是上述《续桥牌防守杀招》一书的异名译本，内容完全相同，但译文风貌不同。

《桥牌胜利防守——提高牌手的防守思路》，[美]弗兰克·斯图尔特著，北京体育学院出版社1991年版。该书第八章诱惑圈套给出11个牌例。

（5）专著。

《桥牌中的以假乱真打法》（桥技精华丛书），T·Reese、R·Trezel著，科学普及出版社广州分社1984年版。该书是介绍欺骗打法的专著，给出了做庄以假乱真打法的26个牌例和防守假牌打法的13个牌例，内容丰富，是普通牌手学习此类课题的必读教材。

《骗招——桥牌比赛中的心理策略》（Psychological Strategy in Contract Bridge），Fred Kerpin著，蜀蓉棋艺出版社1990年版。该书内容全面，涵盖叫牌、做庄和防守三个基本部分，选材丰富，全书283页，是普通牌手提高该领域理论水平的经典专著，有志牌手应当研读。

《桥牌心理战术》，龚启英编著，人民体育出版社1993年版。该书牌例丰富，庄家心理战术与防守方心理战术均分为八大类详尽叙述，着重具体讲解，不做理论引深，是一本通俗易懂的欺骗打法入门书。

《假牌》（False Cards），Mike Lawrence著，成都时代出版社2016年版。本书英文版原著虽然早在1986年就出版，但中文版直到2016年才在中国问世。该书的最大特点是，在介绍牌例的同时，能够适当加以理论引深。但是Lawrence叙事行文的另一特点是较为散漫，系统完备性不够，读者在阅读时应有自己的独立思考,不能被作者的思路牵着走。这是笔者拜读他很多桥牌著作的心得。

　　《实用桥牌诱骗战术大全》,瞿克师著,上海远东出版社2017年12月版。瞿克师先生的令尊是中国大名鼎鼎的高产作家瞿强立老先生。瞿老先生桥著等身,收集的桥牌资料非常丰富。瞿克师先生早年除代表上海参加国内国际桥赛,也担任过教练教授桥牌理论,现移居海外,潜心著书。此书含金量很高,是至今我所阅读欺骗打法专著中的扛鼎之作,牌例极为丰富,讲解引人入胜。笔者于2018年1月购进入藏书架。春节前撰写本牌例,随手翻检,其例2.1.1-4,尚有百密一疏的解说,请读者注意。虽然如此,在撰写本文时,笔者仍要向读者大力推荐本书。

牌 例 35

来源

总第18期（1989.2，P26）
第3副　南发牌　东西有局

```
              ♠ Q 9 6 3
              ♥ K 4 3
              ♦ J 9 5 3 2
              ♣ 6
♠ 2                         ♠ A K J 10 7 5
♥ 7 2          北            ♥ A Q J 8
♦ A 8       西    东         ♦ 10 6 4
♣ A K Q J 9 4 3 2  南        ♣
              ♠ 8 4
              ♥ 10 9 6 5
              ♦ K Q 7
              ♣ 10 8 7 5
```

开室	西	北	东	南
	杨小燕（wei）	Sachs	朱迪·雷丁（Radin）	Morse
				—
	1♣	1NT	2♠	—
	3♣	—	3♥	—
	3NT	—	4♣	—
	4♦	—	6♠	—
	7♣	—	7NT	=

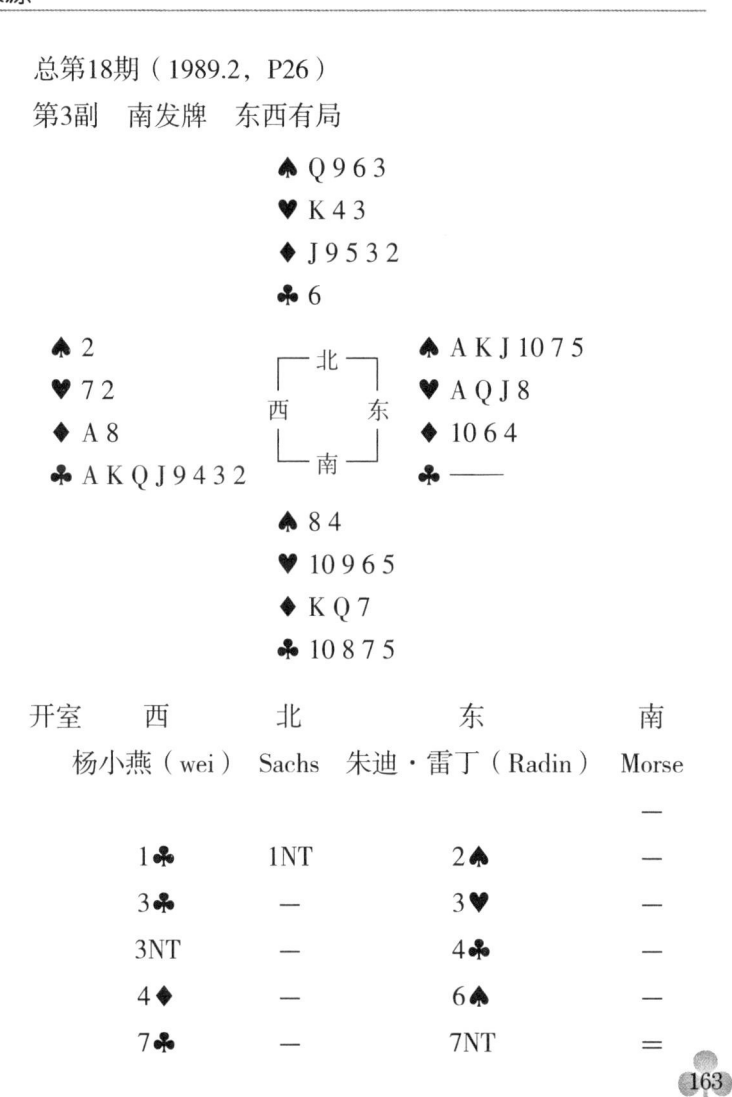

闭室	西 Bernstein	北 Deas	东 Wheeler	南 Palmer
				—
	1♣	—	1♠	—
	3♣	—	3♥	—
	3NT	—	5♠	—
	6♣	=		

回顾

本例是1987年第6届威尼斯杯赛半决赛时美国一队对美国二队的第3副牌，杨小燕与朱迪·雷丁代表美国二队坐开室东西。这副牌，杨小燕与朱迪·雷丁用精确体制叫进7NT定约。由于大牌与牌型分布好，北家在高花上被挤压，7NT定约做成。闭室东西美国一队只叫到了6♣定约。美国二队赢得13IMP。

查世界桥联第28届百慕大杯赛与第6届威尼斯杯赛公报，评论称：最佳定约应为东定约7♣，这样♥花色受到保护。庄家可以先尝试树立♠，然后还有机会在♥上飞牌。不管怎样，所有做庄路径，都能取得十三墩牌。

理论点解析

（1）孟子在《公孙丑下》篇云："天时不如地利，地利不如人和。三里之城，七里之郭，环而攻之而不胜。夫环而攻之，必有得天时者矣；然而不胜者，是天时不如地利也。城非不高也，池非不深也，兵革非不坚利也，米粟非不多也，委而去之，是地利不如人和也。"

我们经常看到一对牌手或一队赛员针对一副牌的定约选取在赛后争论不休。特别是对于满贯定约的进与退、成与败，很多专家和教练常常有"概率已超过50%所以可上，概率不到70%所以不去"的观点和定规。

笔者认为，与其按成功百分比一个维度考虑问题，不如按天时、地利、人和三个维度立体分析更为有效。结合本例，我们按天时、地利、人和理论试作分析与讲解。

（2）一对牌手赛前选取哪一种叫牌体系及哪些特殊约定叫时，他们俩之间叫牌的"天时"就已然形成了。对于每一副牌，体系的"天时"基本上限制、约束或决定了叫牌的起步、走向与结局，所谓天命不可违也。

查阅1987年世界锦标赛第28届百慕大杯和第6届威尼斯杯比赛公告，半决赛的四支男队和四支女队都打同样的牌。本例为第3副牌，位于西家的美国男队Lawrence开叫1♣（标准制/爱塞斯科学叫牌法），再2◆逆叫后，又跳叫5♣进局，搭档Ross加叫到6♣；中华台北队Chen开叫1♣（中华精准制），对1♠应叫再叫1NT问控制，答叫2♠报5个控制，3◆再问◆花色控制，答叫3♥无控制，直接跳6NT关煞叫；瑞典队Sundelin遭遇南家英国队Sheehan多义1♣开叫（通常不叫的牌或17~19HCP平均牌或至少5-5贴邻花色套，3或4个失张）只能以无名自然性3♣招架（笔者认为搭档间没有事先议定协议叫），搭档3♠维持叫后，被迫作5♣关煞叫，丢失满贯；英国队Forrester开叫2♣（埃坷制）——人为的进局逼叫性开叫，2◆为任何积极性应叫，以后3♣—3♠—3NT—4♥分别为示套—示套—等待—示套叫，4NT问A叫，东家Brock还有多余牌力，直奔7NT终极目标；美国女子二队西家杨小燕Wei开叫1♣（W—R精确制），北家美国女子一队的Sachs叫1NT干扰（♠/♦或♥/♣两套），搭档Radin 2♠示套叫静观其变（原约定针对双色套干扰叫的2阶应叫为5~8HCP牌力，再加东家持有15HCP、5控制牌力，足以进贯，故先示弱，盘马弯弓故不发），以后3♣—3♥—3NT—4♣—4♦分别为示套—再示套—等待叫—扣叫—扣叫，东家跳叫6♠进贯，示♠有额外长度，7♣为修正，7NT为合理终局叫；美国女子一队Bernstein开叫1♣（标准制），以后1♠—3♣—3♥分别是示套—强♣长套—再示套叫，西家3NT为等待叫，保证♦有止张，东家跳叫5♠，满贯邀请叫（♦大牌不明，♣套情况也不明），只能满足6♣进贯为最终定约；意大利女队d'Andre开叫1♣（蓝梅花制），北家法国女队加倍示高低双色套，东家Capodanno应叫2♣示5控制，西家6♣进贯关煞叫；法国女队西家Bessis开叫2♣（法国标准制）——强牌但不到逼叫进局或22~23HCP平均牌，东家Willard2♦接力叫，再叫3NT示坚固的低花套，边花有一或二个赢墩，东家4♠示♠长套，完成进局义务，西家5♣示♣坚固长套，东家♣缺门难以接受，改叫5♥示第二套，西家坚持6♣，东被迫同意。

比赛公报还评论道："最佳定约是由东家主打7♣定约（首攻高花直接送成定约；首攻♦让明手有机会先清完将牌，然后树立♠长套，若不成，还有♥/♠紧逼机会；如果南家持有4张♠，庄家还有飞北家♥K的机会），但需要一些特别的叫牌步骤，可惜所有8位西家在他们首次叫牌时都叫出了♣花色。"

笔者在脑海中翻检众多叫牌体系，突然灵光一现，马上查阅叫牌大家乔治·罗森克兰兹（George RosenKranz）的著作。前述牌例34中，笔者介绍了他设置的世界最佳叫牌奖"罗美克斯"奖（"Romex" Award）。Romex体系不是有一个动态性1NT开叫（The Dynamic 1NT Opening）吗？

罗美克斯体系的特点是不同于标准制、埃坷制或精确制只有一个强逼叫性开叫，它有两个强逼叫性开叫，一个是2♣开叫，一个就是动态性1NT开叫。

2♣开叫：a.平均型，21~22HCP，≥7控制；

b.非均型，≤3失张，≥5控制。

动态性1NT开叫：a.平均型，19~21HCP，≥6控制；

b.非均型，4~5失张，≥5控制。

试看本例动态性1NT开叫—3♣应叫5控制；

4♣长套显示叫—4♠出套显示叫；

4NT罗马关键张—5♣（0/3关键张）/5♦（1/4关键张）

或5♣（1/4关键张）/5♦（0/3关键张）；

7♣！！（没有什么好担心的，同伴持有♠AK和♥A）

对于本副牌例，"天时"归于使用Romex体系的牌手，不是吗？

（3）联手牌中某个花色的大牌占据有利的位置，我们称为得"地利"之势。显然一位牌手在最终选择定约前必须全面考量"地利"因素的影响力。

在本牌例中，假定西家主打7♣定约，在保留高花飞牌机会方面，庄家毫无"地利"优势，任何高花首攻都直接剥夺了庄家对♠和♥上的飞牌选择权。幸运的是对北家飞他♠Q与♥K都占有飞牌成功的"地利"优势，只要庄家敢于飞牌，7♣定约是可以成功的。如果北家首攻♦或♣，都给庄家保留了先树立♠套后实施♠/♥挤牌或对♠或♥实施飞牌的机会。

假定西家主打7NT定约，同样首攻高花，将剥夺对首攻花色的飞牌选择机会，但不影响后续的挤牌与飞牌机会；如果首攻♦，庄家必须先行兑现九个低花赢墩，从而不能构成♠/♥

紧逼的态势而被迫在高花中选择一门进行飞牌，幸运的是存在♠/♥都飞牌成功的"地利"优势。

假定东家主打7NT定约，如上述分析，显然南家首攻♦将剥夺对♠/♥紧逼的态势，而只能选择高花中某一门的飞牌，幸运的是本牌例在♠/♥花色上占尽"地利"优势。通过本牌例，笔者希望读者能体悟何谓"地利"因素。

（4）所谓桥牌的"人和"因素，也就是搭档之间的合作精神，包括对搭档主动精神的了解、对搭档的战斗意志的鼓励或盲动性的克制。俗话也有"人有多大胆，地有多大产"的说法，面对强手，有时敢于挑战勇于叫到高阶满贯定约，有时敢于争夺敢于牺牲，都反映了"人和"因素在谋求有利定约和取得好成绩方面的作用。

以本例而论，8支队伍只有英国男队和美国女子二队叫进7NT定约，分别取得17IMP和13IMP的胜利成果。

通过以上讲解，笔者希望读者能在今后的实际比赛中熟练运用天时、地利、人和理解分析具体牌局，谋得上佳定约取得优良成绩。

"天时地利人和"观可谓桥牌叫牌理论中的一种规律总结，也称为"道"。所以孟子接下来说："故曰：域民不以封疆之界，固国不以山溪之险，威天下不以兵革之利。得道者多助，失道者寡助。寡助之至，亲戚畔之；多助之至，天下顺之。以天下之所顺，攻亲戚之所畔，故君子有不战，战必胜矣。"笔者赞：诚如是也。

牌 例 36

来源

总第18期（1989.2，P30）
第2副　东发牌　南北有局

```
              ♠ 10 6 5
              ♥ A 10 7
              ♦ Q J 10 9 8
              ♣ 7 3
♠ K Q J 7 4      北         ♠ A 9 8 2
♥ 6 5 3 2    西     东     ♥ 9 8 4
♦ 7              南         ♦ 6 5 4 2
♣ K 4 2                    ♣ J 5
              ♠ 3
              ♥ K Q J
              ♦ A K 3
              ♣ A Q 10 9 8 6
```

桌1	西	北	东	南
	Bergen	Martel	Cohen	Stansby
			—	1♣
	2♠	—	3♠	×
	=			

桌2	西	北	东	南
	Ress	Meckstroth	Pender	Rodwell
			—	1♣
	2♠	3♦	5♠	—
	—	×	=	

回顾

1986年11月10日，雷辛嘉杯每副一比队式赛（Reisinger board-a-match teams）比赛完毕，参加决赛的11个队经过每天打60副牌的三天苦战，罗森克兰兹队（Rosenkranz Team）与马特尔队（Martel Team）以同等成绩并列首位，为此当晚两个队再赛12副牌。

本例是其中的第2副牌。桌1，Martel不叫，把加倍的邀叫性变成惩罚性，是由于根据对方好作极弱争叫的习惯，低估了他们的牌力。3♠定约只下一得100分。桌2，Pender也低估了同伴跳叫2♠的牌力，以为对方会有满贯，故叫5♠进行干扰，却被北家惩罚，失却500分。

理论点解析

（1）关于阻击叫，前面牌例已有论述，结合本牌例作进一步的深化讲解。

阻击性是叫牌中的一个通俗说法，正式的术语应为Preemptive Bid。溯本求源，查阅英文词典Preempt词条释义：以先买权取得或（为取得先买权而）预先占有（公地），喻义：先占、先取，转义：（桥牌中）先发制人地叫牌（指故意叫得很高以阻止对方叫牌）。《审定桥牌百科全书》第三版中译本词条Pre-Emptive Bid或Shut-Out Bid同被译为关煞叫。对于Shut-Out Bid从本义会意应是早期即桥牌蒙昧期的"一声叫",所以周家骝老先生会译为"关煞叫",但这又易与Close Bid相混淆。

综合以上说法,Pre-Emptive Bid较为恰当的译名应为抢先叫。《审定桥牌百科全书》第三版中译本词条释义:"一手有一个长套花色但大牌牌力有限的牌在三副水平以上的花色开叫,一般都具有防守性目的。开叫人希望通过抢先叫使持有强牌的对方,在高副数水平上开始叫牌的情况下,叫牌难以达到准确的要求。"在这里,抢先叫是指一方主动地抢先开叫,而非在对方开叫后再作争先性防守叫。百科全书第四、五版相应词条也作同样释义。

(2)然而,查阅《审定桥牌百科全书》第六版Preemptive Bid 词条释义:"有时也称为Shutout Bid。现有的对叫牌进程中所有四家牌手都适用的一种叫牌方法。对第二家在首家开叫之上的叫牌行为,参见抢先性争叫(Preemptive Overcalls)和弱跳争叫(Weak Jump Overcalls)。对于第三家的叫牌行为,参见抢先性加叫(Preemptive Raises)和抢先性应叫(Preemptive Responds)。对于开叫人来说,一个抢先叫牌至少发生在三副水平。开叫人通常持有至少7张的花色长套,以及有限的大牌牌力。这个叫牌的目的是防御性的,是给对手制造困难的一种尝试。""弱二开叫也是抢先叫的一种形式,尽管它有双重目的。"

这就是说,以往把阻击叫区分为出击性阻击叫和防御性阻击叫,即分叫牌方抢先启动阻击叫和防守方在对手开叫后启动阻击叫,自第六版后都统一在抢先叫课题内。而且抢先叫不仅仅是开叫这一种抢先方式,其同伴还可以加深抢先叫,即使用抢先性加叫（Preemptive Raises）和抢先性应叫。更进一步，在同伴简单加叫开叫花色时，开叫人还可再继续加深抢先叫，即使用抢先性再加叫（Peremptive Re-Raise）。

（3）由于第六版中抢先叫的相关词条大量增加，笔者反而觉得不利于读者领会其中的理论点。为此笔者试以下列术语尝试分析和讲解抢先叫理论课题。

首先笔者建议，凡叫牌方在对手方未作叫牌前即行启动Preemptive Bid的，一概命名为抢先叫，它包括弱2高花开叫（无论是2♠/2♥实开叫，还是2♦不确定性弱2高花开叫）和通常的3阶抢先叫（3♣/3♦/3♥/3♠），甚至4阶低花开叫。这些抢先叫既有所谓的标准型抢先叫（即持有限大牌点），又有所谓强力型抢先叫（即允许低花套抢先叫持有通常可开叫牌力）。

其次，笔者建议，凡在对手方已作正常标准开叫或1阶开叫后进行的挤占叫牌空间的跳争叫均可命名为阻击叫（Blocking Bid），Block一词来自于巷战街垒的阻塞与阻击，例如，1♣—2♥/2♠、1NT—3♣/3♦等。结合本例来看，对于南家开叫1♣后，西家的2♠就是阻击叫。这样，今后在引用抢先叫和阻击叫术语时，牌手都会明白前者是进攻性的，后者则属于是防御性的。

再次，抢先叫的同伴可以对抢先叫作加深抢先叫（Preemptive Raise），例如，2♥—3♥、2♠—3♠，而2♥—4♥、2♠—4♠又称关局性加深抢先叫（Closed Preemptive Raises）。

另外还有一种纠正型抢先叫，即当同伴做出一个正常的1阶开叫，应叫人可以依托同伴的开叫牌力，持弱牌力及一个花色长套进行抢先叫，一般有开叫1♣/1♦后2♥/2♠抢先叫（通常是1阶低花开叫，但也有开叫1♥后2♠抢先叫），还有开叫1♥/1♠后3♥/3♠有限跳加叫，以及开叫1♥后3♣/3♦或1♠后3♣/3♦伯根加叫（Bergen Raise），甚至开叫1♥/1♠后4♥/4♠等，都属于抢先叫型叫牌。

纠正型抢先叫最应注意的是应叫人简单加叫同伴开叫花色后开叫人继续加叫开叫花色这一类叫牌，例如，1♥—2♥—再叫3♥（Preemptive Re-Raise）。

最后，一旦同伴作出一个阻击叫（Blocking Bid），另一家同样可以作出加深阻击叫（Advanced Blocking Bid）。例如，敌方开叫1♦，同伴2♥阻击叫，这时你叫3♥，就是加深阻击叫。

需要提醒读者注意的是，所有这些后续的抢先叫或阻击叫都不具有越过敌方成局定约的标志，因为一旦越过敌方成局定约水平，我们就要把此类叫牌命名为牺牲叫（Sacrifice）或提前牺牲（Premature Save/ Advance Save）。结合本例，桌2东家对于北的3♦直接叫5♠就是提前牺牲，而如果直叫4♠则是加深阻击。

（4）从以上理论点的解析结合本例，笔者认为，桌1北家Martel完全没有意识到东家可能作出加深阻击叫，以致对南家stansby的行动性加倍不知所从。行动性加倍是麦克·劳伦斯创设的一种新式加倍，他说："我并不知道这类加倍的名称，也不知道最恰当的称谓是什么。我们可以将行动加倍定义为技术性倾向的加倍。"笔者如果是北家，一定不会将定约落入3♠加倍的赌博状态。持2张♣，相信同伴多半会有6张♣，因此一定会有所行动叫出4♣，如果同伴又能叫回4♦，则笔者会加叫进5♦。

对于桌2的东家Pender忽发奇想提前牺牲，笔者认为不妥。东西方因局况有利，完全可以且战且退，没有任何迹象表明南北方能从从容容地叫进5阶低花成局定约，何况5♠牺牲叫在敌方叫进5阶低花成局定约时仍有叫出的机会。谁能保证南北方对定约的判读一定精准无呢？

（5）Preemptive Bid早被台湾译家译为抢先叫，并为牌手所接受。两岸牌手在其他桥牌述语上也有不同的译名，如何统一桥牌术语中文名称是中国桥协的一项重要工作，也是广大桥牌爱好者的企盼。

牌例 37

来源

总第20期（1989.4，P12）
东发牌　东西有局

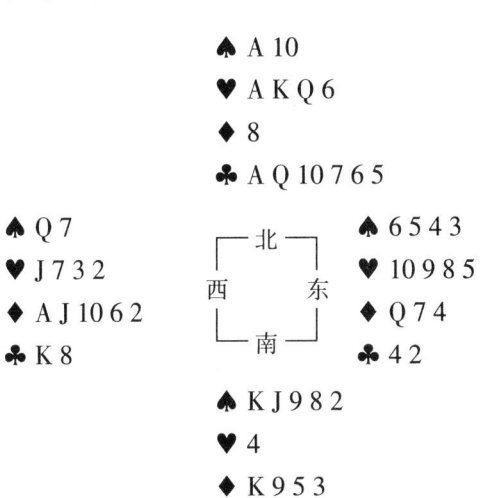

```
              ♠ A 10
              ♥ A K Q 6
              ♦ 8
              ♣ A Q 10 7 6 5
♠ Q 7                         ♠ 6 5 4 3
♥ J 7 3 2       北            ♥ 10 9 8 5
♦ A J 10 6 2  西   东          ♦ Q 7 4
♣ K 8           南            ♣ 4 2
              ♠ K J 9 8 2
              ♥ 4
              ♦ K 9 5 3
              ♣ J 9 3
```

西	北	东	南
	Lazard		
		—	—
1♦	×	—	1♠
—	2♦	—	3♠
—	4♣	—	4♥
—	—!	=	

回顾

1987年，美国定约桥牌协会在庆祝成立50周年时，精选了50年来美国桥坛高手们的十几副上乘之作，刊登在专为庆祝50周年而出的会刊上。撰稿人将其摘译出来，投稿到桥牌杂志，以飨广大读者。

本例是文稿的第6例，介绍西德尼·莱热德（Sidney Lazard）在1969年因完成了一个不可思议的定约而荣获肯特—迈尔斯银杯奖（Kantar—Miles Trophy）。

撰稿人在第一句中将主体搞反了，现对文句做出注正。莱热德（的同伴）认为（他的）4♥是扣叫，否则他在第二轮时即可叫出♥套，但他的同伴（指莱热德）却把这当作了自然的叫品。本来6♣是个很好的定约，可莱热德却阴错阳差地停在了4♥上。但好在由南做庄，从而使♦K免受了攻击（指西家难以贸然首攻♦）。

假使西家首攻♥，庄家便拔掉♥AKQ和♠AK，然后打♣J。由于两门黑花全部吃通，防守方只能拿到两墩将牌（也许加上♦A），4—1配合的4♥定约打不宕。

笔者认为：认真细致的评价应该是让普通牌手和读者能够全面深入地读懂牌例所包含的全部内容。此时，必须说明，庄家不可再打第二轮♣，而要转而兑现树立的♠长套，垫掉明手的♦8并一直兑现♠，可确保4♥定约不被打宕。如果庄家继续再出第二轮♣，万一♣是3—1分布，东家会将吃这墩♣后立即转攻出♦，无论是Q还是小牌都将穿死明手的♦K，并进手兑现将牌的赢张及♦的赢张，从而击败4♥定约。

下面笔者要对叫牌中的失误进行理论点解析。

理论点解析

（1）本例在回顾中已经确认是一副叫牌误解的典型牌例。由此，笔者试图逐段分析误解产生于哪些理论认知。对于一个真实的1♦开叫，防守方对自己的牌值应当如何估价？显而易见，北家的这手牌为19HCP、6—4两套的$2\frac{3}{4}$个失张的好牌，其牌值远远超过16~18HCP的单长套的牌。因此，先加倍后出套与先出套后加倍为同胚概念的叫牌理论对照本例不相符。技术性加倍不妨碍寻求南家持♥长套，也允许加倍方在后续叫牌中叫出♣长套，甚或跳叫出♣长套。因此，笔者认为北家的这个技术性加倍还是中规中矩的。

（2）南家1♠的报套叫，没有给予北家更多的信息，最多说明持有4张♠套及些许大牌点。这就造成了北家的急躁情绪，他急迫希望大声地说出本人持有一手非常好的牌，千万不要丢失进局的定约。因为安静地再叫2♣不足以反映他所持这手牌的牌情，万一南家放过（Pass），将错失一个成局定约。可是，笔者不明白跳叫3♣表明持有≥19HCP和♣长套，难道不足以反映北家所持有的这手牌吗？当然有些牌手会认真地告诉牌友，2♦扣叫即逼迫性地告诉同伴进局意图，又比3♣跳叫更节省叫牌空间。可是他忘了叫牌理论中有一个基本规则："有约定的按约定，无约定的按常识"。一个扣叫一般都具有特殊含义，都属于同伴之间的"叫牌协议"，通常叫约定。因此，一个扣叫一般意味着扣叫者提出一个问题让同伴来回答，而不是让同伴自然地描述。对于本例2♦扣叫，按一般的约定应先回答是否有♦上的止张，而不是叫2♥描述5—4两套或者叫2♠描述

♠是5张套（也可能是等待叫，因为同伴实在无合适叫品）。由此，读者就不难理解，即使持♠KJ982也不得不跳叫3♠。其实，至此双方的误解已经发生，貌似节省叫牌空间的2♦，反而被3♠挤占了3♣出套的叫牌空间。

（3）现在围绕南家自由跳叫3♠的叫牌，双方都站在自己的立场去看待叫牌进程，分歧开始扩大。北家因为仗着自己持有很多大牌点，想当然地认为自己应当成为叫牌和定约的主导者，要求同伴先把牌情叫清楚，反而拖延了自己♣长套的描述，只得以4♣描述长套。但是他忽视了如果持无♦止张的强平均牌型，例如，持有♠AQ×♥AK×× ♦×× ♣AQ10×，是否也应该先加倍后扣叫。同伴自由跳叫3♠找到♠将牌配合后，4♣显示持有♣A，希望听到4♦扣叫，例如同伴持这样一手牌：♠KJ10××♥×× ♦A××× ♣J×。试问南家能够冒然加叫5♣吗？试问读者，这一声4♥难道不是委婉的保持弹性的叫牌吗？

（4）我们再来探讨对4♥叫品的认知，4♥真的是6张♠和4张♥牌型的描述吗？对于同伴的强逼叫，读者要明白此时描述牌型优先于表述牌力，因为强逼叫的一方告诉你不要担心牌力，你只需尽可能地描述你的牌型。例如，开叫1♥应叫人作2♦进局逼叫性二盖一应叫，开叫人此时如果持有另一花色套应先叫出，如果是持5-3-3-2牌型则再叫2NT；如果开叫1♥应叫人作2♣不逼局性的二盖一应叫（1♥—2♣/2♦），此时表述牌力优先于描述牌型。如果持低限牌力，开叫人可顺势叫出另外一个4张套（如1♥—2♣—2♦）；当持5-3-3-2牌型时就不宜再叫2NT，而应再叫2♥表示低限并不承诺6张♥（形成等待叫）；只有持有高限牌力时才可以越过再叫花色叫出2NT。同样理由，本例中加倍人再次扣叫敌方花色，如果应叫人持有5张♠和4张♥则顺叫出2♥，即使持有6张♠和4张♥也应先叫出2♥而不是叫2♠强调♠长度。需知2♥叫品表述了9张牌的牌情，而2♠最多只能表述6张牌的牌情，孰优孰劣，一目了然。由此可见，北家没有理由认定南家持4张♥套，可以选择4♥成局定约。实在没有把握，维持叫4♠或5♣都尚可取。

（5）综上所述，本例的正确叫牌应该为北家在南家的1♠出套后，再跳叫3♣先清楚地描述自己所持有的≥17HCP、6张♣好长套的牌型及牌力信息，然后南家依据对♣的支持情况以及♦/♠上均有止张，先叫进3NT成局定约。如果北家能够再强调叫出4♣，那么南家则顺势扣叫4♥，显示比叫5♣稍有将吃♥优势的牌张价值。是否叫进6♣定约，全看北家是否持有高间张的大牌位置优势可对西家开叫人实施飞牌，例如，北家也可能持♠A10 ♥K×× ♦AQ ♣AQ10765或♠A10 ♥AQ× ♦Q× ♣AQ10765。

本例一而再、再而三地解析，就是要告诉普通牌手，在叫牌过程中不宜过于自信，要尽可能早地将自己一手牌的牌情信息传达给同伴，相信同伴会认真细致地依据逻辑合理分析和推理，寻求到最佳定约。事后强调自己的某一处叫牌正确，并不能掩饰另一处的较差叫牌和/或选择较差定约的整体差错。

牌 例 38

来源

总第20期（1989.4，P12）
西发牌　双方有局

```
                ♠ A K Q 9 7 4 2
                ♥ 6
                ♦ A
                ♣ K J 9 3

    ♠ 6                             ♠ J 10 8 3
    ♥ K Q J 10 9 5 2     北         ♥ 8 7 3
    ♦ J 6            西      东     ♦ 9 5 4
    ♣ 8 6 2              南         ♣ A 5 4

                ♠ 5
                ♥ A 4
                ♦ K Q 10 8 7 3 2
                ♣ Q 10 7
```

西	北	东	南
3♥	4♠	—	5♦
—	6♠	×	6NT
—	—	×	=

回顾

本例也是摘译自美国定约桥牌协会成立50周年纪念会刊，出自纽约著名的卡文迪许俱乐部的实战，做庄的南家是芭芭拉·泰伯（Barbara Tepper）。

经过一系列疯狂的叫牌与加倍，南家做庄。西家首攻♥K后，芭芭拉♦泰伯看到明手摊出的牌张，只觉得前途暗淡，但她脑中却突现灵光一闪，在第一墩她平静地出♥4让过！毫无疑问，西应当觉出事情有些不对头，可他却未能察觉，仍然继续攻出了♥Q！现在该泰伯行动了。她手上♥A赢进，垫去明手的♦A！然后拔掉♦KQ，在击落了西家的♦J之后，她再连续打五轮♦，使东家的两门黑花色牌受挤，终于完成了被加倍的6NT定约。庄家临危不乱的牌技值得牌手们学习。

理论点解析

（1）看完这副牌例，就像看了一场狗血"肥皂剧"，但是面对庄家的狗屎运、东家的神加倍和西家的迷魂汤续攻，笔者还是不得不认真给予解析，目的是希望读者在今后实战中能够神清志明。

对于一个3阶阻击叫，直接跳叫4阶高花进局的叫牌，通常不会是一手只有或少于三个失张的好牌。本例中的北家可计算的失张总数为3¼个，因此4♠的叫牌应当是标准的。

然而，对于南家来说，尽管准备了两个赢张，但离进贯还有一点差距，同时还得考虑♠上存在偏分风险。她的5♦叫品就是想调整和规避将牌偏分的风险，难不成♦上也偏分吗？笔者可以认同南家的思路，但也冒昧地问一下，南北家赛前是否有约定或协议规范5阶新花所表达的具体信息？4NT叫品仍然维持罗马关键张问叫约定吗？

如果北家通过对3♥先作技术性加倍，然后叫到4♠定约，此时同伴再叫4NT仍为罗马关键张问叫，那么对于直接叫到4♥/4♠成局定约，笔者认为，之后的直接改叫5阶低花和通过4NT过渡再转到5阶低花二者还是有区别的。通过4NT再转到5阶低花应当是一种主动性莱本索尔约定叫的高阶变型，例如对本例的北家，南持♠— ♥×× ♦KQJ10×××× ♣Q10×。

（2）也许本例北家把5♦视为是♠配合下的5阶新花叫，由此快速地冲进了6♠小满贯定约。笔者对于东家冲动性的惩罚性加倍还是不予赞同。当敌方已经骑墙两难的时候，有什么理由要送一把梯子给敌方呢？唯一的理由就是贪婪。在有局情况下，加倍也就比不加倍时，一墩多100分，可是一旦定约做成将多输230分（6♠×）或240分（6NT×），所以对这种以小博大的盲目性加倍，笔者一贯不予认同。希望读者牌手在实战中一定要有隐忍战斗精神，只需击宕满贯定约就是伟大胜利。何况在东家对6♠加倍后，南家机灵地转向似乎"更安全"的6NT定约。现在东家再次祭起"加倍"屠刀，其实6NT也是铁定宕的，可是老天不开眼呀！

（3）西家首攻♥K，庄家忍让，此时，这位西家是否真的认为东家在发疯，还是南北家已成待宰的羔羊？目前，防守态势一目了然，庄家除了依靠♣A或♣AQ已经没有进入暗手的机会。如果持有♣A，那么，三墩♠、一墩♥、两墩♣加上庄家♦KQ10领头的6张套足以完成6NT定约，何况庄家依靠♠的联通还可能对防守方实施紧逼。此时此刻当务之急不是续攻

♥，而是打击对手在♠上的联通，没有任何理由认为暗手庄家持有双张♠。基于以上理由，转攻♠切断联通才是打宕定约的妙招。西家续攻♥显然是认为在撕开♥防线后，庄家将宕很多墩。事实是人算不如天算，东西家失败了，而且输得很羞辱。本例的教训务请读者牌手牢记于心。

牌例 39

来源

总第20期（1989.4，P15）

西发牌　双方有局

```
              ♠ Q J 6 5
              ♥ K J 6 5 4
              ♦ 4
              ♣ 4 3 2

♠ K 7                        ♠ 10
♥ Q 3 2        北            ♥ 10 8
♦ A Q 9 6 3  西   东          ♦ J 8 7 2
♣ J 9 5        南            ♣ A K Q 8 7 6

              ♠ A 9 8 4 3 2
              ♥ A 9 7
              ♦ K 10 5
              ♣ 10
```

西	北	东	南
波兰队	中华台北队	波兰队	中华台北队
—	—	1♠①	×②
2♠③	3♦④	3♠⑤	×
3NT	=		

注：① ♠可能是长套也可能是短套；

② 有♠长套；

③ 扣叫，表示牌力是"不叫"的上限；

④ 表示♠得配，短♦；

⑤ 扣叫，问同伴♠有无止张；

南家加倍后，西自然转叫3NT。

回顾

本例是第8届世界奥林匹克桥牌赛中中华台北队对阵波兰队的一副牌。

波兰队的现代人为叫牌法，简直把桥牌变成猜谜游戏。

这副牌看上去像是没啥问题，应由南北主打4♠定约。但在台北队坐东西的一室，定约却是由东主打4♣。防守方连吃高花三个赢墩后，北出单张♦4。这使庄家轻松解决了♦的打法问题，4♣定约做成。东西方中华台北队得130分。

本例东西方是波兰队，却由东西方波兰队先叫出♠花色，具体叫牌如上。台北队北首攻♠Q，南♠A赢。南家没有改出♥，定约方赢得九墩牌，从而完成定约。

这副牌真的像撰稿人所述没啥问题吗？显然不是，因为成绩差异客观存在。那么真是撰稿人没有眼光看不出问题吗？笔者姑且小作议论。

理论点解析

（1）人为叫法的英文是Artificial Call，查《审定桥牌百科全书》第三版中译本相应词条，周家骝老先生译为约定叫，其释义：一种人为的叫牌；只有在这种叫牌的含意事先经过同伴间的约定同意,届时对这种叫牌的含意才能正确地理解。某些约定叫牌现在已成为极为标准的叫牌,以致使得可以把它们的明显的常规含意,看作是"人为的"约定。约定性程度达到极端的,是一些"密码式"叫牌,这类叫牌的含意与其所叫出的花色,或者与所有其他花色并无联系。在意大利的一些叫牌法中,密码式叫牌也很普遍,而且还辅以大量半约定性叫牌。例如后者在罗马叫牌法中就有不少例子。

这就是说人为叫法,也称人为叫牌法,是指这种叫牌显示的花色并非真实地表达该花色的长度和强度,而是按照事先约定的内容和意义,表达另外花色牌张的长度和强度。相对于真实叫牌,其具有人为的含义和指向。这种人为叫牌体系(尽管《审定桥牌百科全书》并无Artificial Bidding System专门词条),在意大利叫牌体系词条中被逐一列举。需要进一步说明,我们却找不到波兰叫牌体系这一词条。

笔者经查找资料,发现一本查尔斯·高伦(Charls Goran)著的The Italian Bridge System(意大利桥牌体系)于1958年由美国一家出版社出版,1959年发行英国版。该书着重介绍了人为叫牌法中的那不勒斯梅花体系(Neaplitan Club)。

1982年,周家骝先生译介的《蓝梅花叫牌法》系根据1971年版Blue Club一书英文版译出,科学普及出版社广州分社出版。

1986年5月,蜀蓉棋艺出版社出版意大利蓝队名将B·Garozzo与P·Forguet所著的《兰队梅花叫牌制》,廖二鸣编译。

1992年2月,蜀蓉棋艺出版社推介出版[意]C·F·波里著《意大利桥牌——叫牌小百科全书》。

以上四本书,比较详尽地介绍了人为叫牌体系的相关内容，读者可以从中学得相关知识。

综上所述，人为叫牌法是与真实叫牌法相对偶的叫牌体系。那么波兰队发明的叫牌法应该属于哪种叫牌体系？

（2）1987年4月，科学普及出版社广州分社出版了周家骝老先生翻译的《弱开叫体系评介及雷格里斯体系》，该书根据1978年版波兰L·Slawinski和S·Ruminski著《Introduction To Weak Openings System And Regres System》一书译出。

该书认为自克柏森时代以来，各种叫牌体系所采用的基础理论，迄今几乎没有改变。它们是：

——12~18HCP为基本开叫区；

——低于上述牌力的牌不叫；

——显示牌型分配的信号和方法。

所有叫牌理论的进展与改善都是表面性的，并没有触及上述理论基础。而这些基础的内部隐藏着大量的矛盾和谬误。该书认为新的叫牌体系应当引入新的战术原则。它们是：

——主叫原则；

——最大积极性原则；

——最高频率原则。

根据以上原则，结合一手牌的牌力出现频率发现，8~12HCP的牌的出现频率（约50%）要比12~16HCP的牌的出现频率（约25%）要高很多，因此大部分的开叫应当用于8~12HCP的牌，12~16HCP或以上的牌应使用较少的开叫叫品，据此可以将不叫的传统含意加以改变，即用一个不叫叫品表示强牌13HCP以上，1♦表示弱牌0~7HCP，其余的叫牌均留给8~12HCP的牌。

这样，波兰人发明了弱开叫体系（具体内容本文不再赘述）。

再查《审定桥牌百科全书》1976年第三版，未见弱开叫体系（Weak Opening System）词条。后查《审定桥牌百科全书》1994年第五版弱开叫体系词条，释义：弱开叫体系（简称WOS，也称Forcing Pass），其起源工作完成于波兰，基础版本来自Lukasz Slawinski。无论是雷格里斯（Regres）版本、无名版本（No Name）、德尔他版本（Delta），不叫（Pass）都表示持一手13HCP以上的牌。

显然，弱开叫体系是与强开叫体系相对偶的叫牌体系。再深入思考一下，有限叫体系与无限叫体系也应为相对偶的叫牌体系。哪一种叫牌体系属于有限叫体系呢？

（3）在读本例时，读者是否注意到持西家牌的波兰牌手第一家不叫！为啥撰稿人对持5张♦、12HCP牌的不叫不作注释？他不知道这是逼叫性Pass吗？

坐北家的中华台北队牌手显然对弱开叫体系很陌生，按传统思维持7HCP只能选择不叫。随着东西家的后续叫牌，他们不仅叫到了3NT定约，而且因为南家被卷入猜谜游戏，让敌方混成了3NT定约。这是宿命吗？笔者的答案：不是。

众所周知，当一方开叫后，开叫人的对手方所作的叫牌就被称为防守叫，也就是说，开叫属于一个首先叫，对手方的后续叫就属于防守叫。那么，对于使用弱开叫体系的首家不叫，你还能墨守成规地认为没有开叫或并非首先叫吗？笔者认为：否也，否也。因为这声不叫已经宣称他持有≥13HCP的一手牌，宣战已经开始，作为对手还能掉以轻心不去争叫吗？

对于弱开叫体系的逼叫性Pass，笔者认为下达防守叫方案应属可行：

1♣——双低花或5张以上♦套，8~15HCP；

1♦——双高花，8~15HCP；

1♥/1♠——♥/♠为5张套，8~15HCP；

1NT/2♣/2♦/2♥——♣/♦/♥/♠为6张套，弱二阻击叫；

2♠——双高花（5—5），≥14HCP；

2NT——≥22 HCP，平均牌型；

3♣/3♦/3♥/3♠——阻击叫，2-3原则。

对于本例来说，当西家作逼叫性Pass后，北家就该积极行动，虽然仅有7HCP，但这些KQJ大牌都能规避西家大牌的盖吃，同伴若有大牌则持A的概率增加，也不怕西家盖吃。应勇敢地叫出1♦，先打乱敌方的叫牌进程。南家收到北家双高花的信息，♠做将至少10张，依据总墩数定律，可以速达4♠定约。

（4）行文至此，不禁让笔者想起一件往事。20世纪80年代中期，当时上海女队曾以弱开叫体系参赛国内各类大赛，基于各省队理论建设和教练备战不足，斩获甚丰，成绩颇佳。某日训练时，笔者坐在陆琴旁边观战，对于弱开叫体系的实战，逐副指出先行防守叫的方案，凸现该体系的弱点。不料小女子搬来教练朱良达先生，朱先生让我少说两句，余乃知上海女队仅想以新奇体系谋敌之不足，并不愿在理论修为上多下功夫，遂止言。往事如烟，感慨唏嘘。朱老，你还好吗？

牌 例 40

来源

总第20期（1989.4，P17）
南发牌　南北有局

```
              ♠ 10 9 7 4 3
              ♥ K 5 3
              ♦ 9 5 4
              ♣ 7 5
♠ 5                         ♠ K 8 6 2
♥ A 9 7 6 4 2    北         ♥ Q 8
♦ A J 6 2     西    东       ♦ 7 3
♣ 9 3            南          ♣ A K 10 8 4
              ♠ A Q J
              ♥ J 10
              ♦ K Q 10 8
              ♣ Q J 6 2
```

西	北	东	南
Travis		Lusk	
			1♣①
1NT②	—	2♣③	—
2♥④	—	—	×
—	2♠	3♥	—
4♥	—	—	×
—	—	××	=

注：① 精确制；

② 纯粹抬杠，暂无意义；

③ 请加解释；

④ 弱一套型。

回顾

本例是1988年世界锦标赛威尼斯杯中国女队对澳大利亚女队在预赛中对阵的一副牌。

Travis坐西主打再加倍的4♥定约。中国女队北首攻♣，明手♣K吃。明手♦7，南盖以♦Q，西让墩。南出♥，北♥K赢。北续出♥，明手♥Q赢。Travis飞♦后连出♥。西家♥7时，南被挤压，垫掉♠Q。西出♠，南只能♠A吃。最后六墩中，东西赢五墩，澳女队得880分。

终局为：

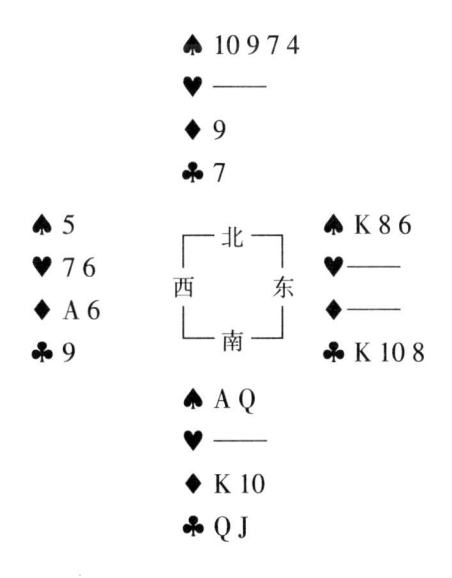

```
              ♠ 10 9 7 4
              ♥ ——
              ♦ 9
              ♣ 7
♠ 5                        ♠ K 8 6
♥ 7 6        北            ♥ ——
♦ A 6      西  东          ♦ ——
♣ 9          南            ♣ K 10 8
              ♠ A Q
              ♥ ——
              ♦ K 10
              ♣ Q J
```

著名桥牌记者和教师、威尔士桥牌联合会（WBU Welsh Bridge Union）1984—1985年主席Patrick D·Jourdain指出，Lusk叫牌前松后紧是有预谋的。先是放过Travis叫的2♥不予支持，是预料到中方必然争叫。以后南作争叫性加倍，北叫2♠，Lusk只支持叫3♥，是伪装牌力较弱。最后果然诱使南方叫加倍，Lusk这时才显示真正实力叫再加倍！这也反映了中国女将的经验不足，没有想想Lusk的3♥为何不早些叫出来，如果她牌力真的较弱，Travis又怎会主动叫4♥？这种比赛常用的诈术，极难证明其间有不正确信息存在，只能靠牌手提高警惕而已。

理论点解析

（1）回顾中的内容由两部分组成，一部分是Jourdain的言论，也只强调Lusk叫牌前松后紧是有预谋的。对此笔者不敢苟同。首先，撰稿人提供的注解②称西家的1NT防守叫属于纯粹抬杠、暂无意义，笔者认为这个注解不清不楚、不明不白，若真是纯粹抬杠、暂无意义，那招请裁判会被判为东西家存在默契。从对抗精确制的各种防守叫分析，1NT的含义多半是同色两套或单套高花，注释③"请加解释"应为对套（如两套）或接力（如一套），谈不上前松后紧。当注释④表明西持如弱二高花开叫的♥弱单套，Lusk放过也是中规中距的。南家的技术性加倍称为争叫性加倍或平衡性加倍均可，谈不上被诱骗。

其次，从叫牌目标的动态转移理论看，作强1♣开叫的南家已从争夺定约转为抬高敌方定约水平。因此2♠叫牌已经表明南北家正在设法让东西家将定约抬高到3♥。而3♥不是在2♠叫牌前由西家叫出（说明不存在加深阻击），东家的独立自主叫出3♥说明牌力比直接加叫3♥稍差一些,但对打3♥定约仍有把握。

再次,南家对3♥不再争叫说明该牌手还是相信同伴能支持一定会支持,能帮助一定会帮助的,基于此南放过了3♥叫牌。现在轮到西家加叫到4♥定约,这里更谈不上东家在使用诈术,东西家并不存在同伴间协议偏离的默契,实际上是因为西家的6—4牌型、敌方♠花色单张、有两个A使其感到有理由要力争4♥成局定约。评论"极难证明其间(东西之间)有不正确信息存在"是撰稿人的观点,而且显得不够"公平"。笔者认为Lusk的再加倍带有赌博性质,可能与中国队的前面几副牌没有占到上风有关(两队同属预赛A组,从最终的预赛成绩看,中国女队小组排名第三积447VP,澳大利亚女队小组排名第七积409.5VP)。

(2)这里笔者要评析南家的心态。实际上,与大多数牌手类似,很多作强逼叫性1♣开叫人都有坚持自己主叫或不肯让对手方定约的通病,更有甚者当敌方争抢到一个定约特别是成局定约时,往往会情不自禁地作出鲁莽的惩罚性加倍。

这种开叫人首先不会冷静地分析己方已不存在叫进和做成成局定约,此时己方能取得部分定约或打宕敌方定约,得到一百多分就属成功和胜利。这个既定目标应当心中明白。其次,如果能将敌方定约尽可能地抬高一阶使之增加做庄难度,倘若击宕定约,使己方取得正分也属成功和胜利。试想当对方冒叫进成局定约,其做庄难度已然很高,一旦击败定约必然获得可观正分,此时愤然加倍加大赌注完全没有必要,一旦失利将影响全局,完全得不偿失。

查看比赛公告,预赛分三个组别,每组前三名共计九个队，依累积VP分值取前八名进入1/4决赛。果不其然，中国女队以447.7VP排名第九，仅比排名第八的加拿大女队积分的451VP少3.3VP，失去了进入1/4决赛的机会。本例因再加倍让对手多得460分（如果队友也叫到4♥定约并完成），甚或更多得710分（如果队友只叫到3♥做成十墩），折算为10~12IMP，几乎与3.3VP相差无几。

　　笔者在写作此类牌例时常感到心累，因为所涉牌例表面看毫无惊心动魄或雷霆万钧之感，而所含教训却极为深刻，不细致琢磨难尝真髓。在此，唯求读者牌手能耐心深思。

牌例 41

来源

总第21期（1990.1，P17）

回顾

该期桥牌杂志刊载了香港名家郑汝湛先生的译作《靠不住的理论》。该文开篇说：本文作者弗兰克·斯图尔特列出似是而非的理论原来有19条，系长时期在英美一般牌手当中流行的"神话"（myth），其中有些对我们说来似不成问题，予以删略，仅保留14条具体论析。

本牌例，仅以文中第二条"理论"加深解析。译文内容如下："强二开叫可用牌点作依据，如够23大牌点和有5张套便可。"开叫强二要有足够的打牌墩和防御值。首先设想由你作庄遇到坏配合的明手时，你能有多少赢张。倘你一手有九个打牌墩，且你的叫法允许你们在3阶高花上止叫，你便可以开叫强二。倘有十个或更多打牌墩，便不管叫法如何，都开叫强二。当然，假如持有♠AKQJ1065 ♥QJ10 ♦QJ10 ♣--，虽然够九个打牌墩，也不宜开叫强二。否则对手如叫上7♣同伴加倍并首攻♠时，他可能会大失所望。如这样的牌：

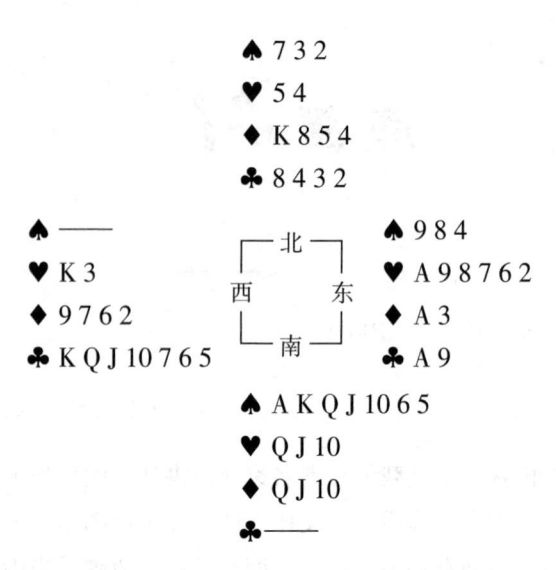

```
                ♠ 7 3 2
                ♥ 5 4
                ♦ K 8 5 4
                ♣ 8 4 3 2
♠ ──                        ♠ 9 8 4
♥ K 3      ┌─北─┐           ♥ A 9 8 7 6 2
♦ 9 7 6 2  西   东           ♦ A 3
♣ K Q J 10 7 6 5 └─南─┘     ♣ A 9
                ♠ A K Q J 10 6 5
                ♥ Q J 10
                ♦ Q J 10
                ♣ ──
```

换言之，开叫强二，除要有九或十个牌墩以外，还要有至少有四快墩。

理论点解析

（1）本文作者斯图尔特的论题一方面驳斥上述理论，另一方面又加深了对强二开叫条件的规约。其要点是引入"打牌墩"和"防御值"概念，以及增加"还要有至少四快墩"的条件。

对于"打牌墩"，笔者认为依据审定桥牌百科全书，名之为做牌赢墩（Playing Tricks）较为正确。其释义："一个牌手在自己一方成为定约方时，他的一手牌所可能产生的赢墩（Winning Tricks）；又称为进攻赢墩或进攻赢张，而与作为防守人时所持的防守赢墩（Defensive Trick）相区别。"那么"防御值"概念，也宜用防守赢墩来计量。

"快墩"应该是"快速赢墩"（Quick Trick）的简称。口头表述时可行，但撰文立著时，还是全称较准确明确。

综合而言，结合作者给出的上述牌例，不难得出南家的这手牌，可有九个做牌赢墩，但至多或未必有一个防守赢墩的事实，由此得出不宜作"强二开叫"的结论。

对于"还要有至少四快墩"的条件，首先要理解快速赢墩是从防守角度考量的术语。以南家这手牌，持♠AKQJ1065为将，做庄至少有五个快速赢墩，由于防守方一般不首攻将牌，所以♠上的赢墩无从快速获得。从防守角度考量，如进行防守（对方抢得定约），在对方♠无缺门的情况下，最多有一个快速赢墩，当然也能得出不宜作"强二开叫"的结论。

令人困惑的是四个快速赢墩的定量尺度是如何得出的，理论依据何在？以三或二作定量尺度是否能放宽"强二开叫"的条件？对此译文没有解答，在此存疑。

（2）在前面的牌例中，笔者曾经对强牌、好牌和畸形牌分类理论介绍了一部分内容。意大利人为叫体制和精确有限叫体制都将强牌的底线规定在16~17HCP上，而美国标准真实叫体制虽然把强牌的底线规定在22HCP以上，但也把不足22HCP但依靠牌型好价值的牌纳入"强二开叫"范围。换句话说，把笔者三分法中的强牌和好牌均纳入"强二开叫"范围。

本例中，斯图尔特的意图就是要针对某些畸形牌能否纳入"强二开叫"给出理论上的分析，并得出一些行之有效的约定条件。笔者认为斯氏对"强二开叫"的战略目标未作分析，遂造成"还要有至少四快墩"的条件论缺乏理论解析。其实，是否采用"强二开叫"有个简单明了的界定方法，即凡属畸形牌，具有谋求进贯战略意图的，就可实施"强二开叫"；开叫人持畸形牌，不认为有谋求进贯战略意图的，就应不作"强二开叫"。

以本例来说，南家在♥、♦花色上具有实实在在的快速输墩（Quick Losers），就是在第一、二家叫牌位置，都难以预测可以叫进小满贯，那就根本不必去作强2♣开叫。对该副牌，北、东、西三家，持有♥、♦的A和K的状态，按均分原则，北家可能持有4/3个赢张，联手完全不够叫进6♠定约。据此应直接开叫4♠，北家的大牌有充分理由可能弥补南家一个输墩，4♠定约成功的概率颇大。

一般而言，一副牌有一坚挺的长套和一个有飞牌构型的短长套，双张花色也有保护张结构，那么大牌点基本不会低于17HCP，如果又具有九赢墩或四失张条件，纳入"强二开叫"范围还是有理论支持的。

（3）对于"还要有至少四快墩"理论，笔者经查询手头资料，尚不能证真也无法证伪，且作一家之说，存书于此。

小知识

弗兰克·R·斯图尔特（Frank R. Stewart），1946年生，美国阿拉巴马州人，世界著名桥牌记者、专栏作家和桥牌杂志编辑，担任审定桥牌百科全书第五版编辑，在全球180份报刊杂志发表过几百篇桥牌文章，撰写过17本桥牌著作，其中两本著作有中文译本。

《桥牌胜利防守——提高牌手的防守思路》，王子旗译，北京体育学院出版社1991年出版，《如何成为专家牌手》，连若旸、康蒙译，成都时代出版社2011年出版。

牌 例 42

来源

总第22期（1990.2，P14）
西发牌　双方有局

♠ K J 10
♥ A K J
♦ Q
♣ A Q 10 7 4 2

北
西　东
南

♠ A Q 8
♥ 3
♦ 10 6 5 4 2
♣ K 9 5 3

闭室	芬兰队	开室	英国队
西	东	西	东
1♣	3♣	1♣	1♦
4NT	5♦	3NT	4♣
6♣	=	4♥	4♠
		4NT	5♣
		=	

回顾

　　牌例42、43来自第39届欧洲桥牌锦标赛。该赛事1989年7月在芬兰的土尔库举行。这是争夺参加当年9月举行的世界杯赛（"百慕大杯"和"威尼斯杯"）资格的一次大赛。比赛结果，英国女队屈居第六名，英国男队未进公开组前六，竟跌至第十名。为此，英国泰晤士报桥牌专栏主编J·弗林特（Jeremy Flint）在8、9月份的报纸上连续评述，黄植煕先生编译转载在桥牌杂志上。

对于本例叫牌过程，弗林特认为"闭室芬兰女队叫牌简单明了，达到最佳定约，完成定约并无困难"，责问开室英国女队："（叫牌过程中的）4NT究竟是不是黑木问叫呢？也许东认为已扣叫过4♠表明了♠A，就可以打折扣啦？令人费解，其损失太大。"

理论点解析

（1）20世纪80年代，流行的4张高花开叫开始转为提倡5张高花开叫，Goren也将自己的Goren体制修改为5张高花开叫，并纳入入门级桥牌基础教程。因此，1♣开叫遇上1♦应叫，原则上可以预期应叫人不会持有5张高花套。在此基础上开叫人直接关叫3NT，应叫人应当明白，开叫人是凭借♣的6张以上半坚挺套、受到保护的高花，依仗意义不明的♦应叫套和不少于18HCP的大牌作出关局叫的。

那么，4♣再应叫，应该推定为明示性将牌配合，还是对定约的修正呢？笔者先推定为前者。4♥、4♠的扣叫交换，有了高花大牌的位置和分布，那么后续叫牌进入5♣水平下满贯试探阶段，但是独独落下了对♦大牌和控制的确认，开启了叫牌的Misunderstanding（误会）之门。

核查《审定桥牌百科全书》第五版，罗马关键张4NT问叫已经纳入词条，内容详尽，没有理由认为桥牌高手不知晓。当然对专注ACOL体制的英国女队，至少笔者也不能保证一定使用该约定叫。问题就在于当西家使用4NT约定叫问关键张时，对♦花色是否有控制的责任当属问叫人西家。对此，东家认识到了吗？东又在何时突然冒出危机感了呢？

译文中出现的"4NT究竟是不是黑木问叫？"，笔者突然意识到，也许英国女队采用的满贯约定叫是黑木问叫或黑木罗马问叫，而不是罗马关键张黑木问叫。

查《审定桥牌百科全书》1984年第四版黑木问叫（Blackwood）词条，对4NT问叫应叫如下：

5♣——无A或4A，5♦——1A，5♥——2A，5♠——3A。

罗马黑木问叫（Roman Blackwood）词条记载，对4NT问叫应叫如下：

5♣——0或3A，5♦——1或4A，5♥——2A（同色或同级），5♠——2A（不同色又不同级）。

罗马关键张黑木问叫词条记载，对4NT问叫，将牌K当作第五个A计算，应叫如下：

5♣——0或3A，5♦——1或4A，5♥——2或5A。

笔者认为可以合理解释的原因可能是，当西家实际上真实使用了黑木问叫，东家突然假想如果西家未持♦第一、二轮控制时，持一个A将以5♦答叫，首攻♦可能立即宕掉定约。反正4♠已经扣叫有一个A，5♣答叫无A或四个A虽均显得无理，但同伴如果能警觉到♦无控，就可以安全地停在5♣定约上（如果西持双张♦小牌）。转过来，5♣答叫果然令西家思考。也许西家的思路是：东家可能♦确实没有第一二轮控制，4♠又可能真持♠AQ，那么对1♦应叫来说，很可能并没有♣K的额外牌力，对3NT又担心顶不住♦首攻，4♣也许就是弱弱的示弱止叫，而4♠是基于4♥扣叫的顺路叫。如此一来，谨慎的不叫也许是合理的。读者能够同意笔者的分析吗？

（2）本例解析的第一个理论点并不是对4NT问叫何为正确的答叫，而是当西家面对东家1♦应叫后，暴叫3NT意味着什么？笔者的观点是西家的3NT叫牌直接关闭了讨论满贯定约的大门，既然不再讨论满贯课题，就不必探询4NT答叫的具体细枝末节。这就是说东西这对桥牌组合，从来没有研讨过关局叫是否可以重启这个叫牌理论课题，也没有对重启条件作出相应的约定。在这个基础上，本例4♣的叫牌似也可定义为修正叫，即重启叫与修正叫是两个性质不同的叫品。

本例解析的第二个理论点是对一个关局定约实施重启，应该是重启方不满足成局定约，希望继续挖掘同伴牌情信息所作的叫牌行为，那么重启叫牌应当具备何种牌力，并以何种叫品作为标志？结合本例，如果4♣为修正叫，笔者认为越过4♣直接叫4♠可以视为重启叫。这个4♠扣叫应当具有暗示♣配合的信息，只是东家似应持有♦A和♠A（他不负责持有♣一个A或K大牌的义务），或者持有♦A和♣K及♠KQ关键大牌，而就本例而言，东家并没有此等牌力。最关键的是东家很明白自己的1♦并不能保证对♦花色的控制。

本例解析的第三个理论点是西家面对1♦应叫时，是否思考过满贯叫早期方案，以及如何组合后续叫。以笔者的叫牌经验，面对1♦应叫，会去设想在♣配合的情况下，如果东持有♦A和♠A，或持有♦AK及♣K，或持有♠A、♣K及♦K，或持有♠AQ及♣K，或持有♠A、♣K及♥Q，均有做成6♣定约的可能。如果没有以上条件，如何最终落实3NT定约就成了叫牌的关键。那么对1♦应叫，以3张♥跳叫2♥显示强牌且有♣套，应该不算诈叫吧？以笔者对叫牌理论的认识，更好的叫品似乎宜作2♠再跳叫，这不单为以后的♥花色扣叫预作铺垫，而且也具有相当的阻吓性质。2阶跳再叫后，东家会自然而然地作出3♣将牌配合叫，此时作3♥扣叫（跳再叫2♠时）或3♠扣叫（跳再叫2♥时），就不再担心满贯定约叫不到了。

（3）本例给予读者一个新的启发，这就是我们不要盲目迷信专家的评判或批评倾向，要敢于勤于思考，从一个桥牌例子中悟出专家有可能未深思的失误或存有错误的倾向。就本例来说，即过多地批评东家，而没有看到应严格要求西家的地方。就笔者的经验来说，很有可能这对东西组合中，没准西家被公认牌技高于东家，专家就轻易地多指责东家。正如在一些比赛中，往往能看到听到一些组合中的所谓上手桥友常常轻率地先指责其搭档，其实这有违公平。笔者曾在一个全国性的桥牌赛中，看到一位国手级妻子牌手公然指责其省市级丈夫牌手，笔者只能在事后拍拍男牌手的肩膀，温和地说了句"你没错"。

牌例 43

来源

总第22期（1990.2，P14）
第6副　东发牌　东西有局

```
              ♠ 8 5 3 2
              ♥ A Q 10 5
              ♦ K 10 8
              ♣ 7 3
♠ A Q 6                    ♠ K Q 10 9 7 4
♥ K 2         北           ♥ 9 8
♦ Q 9 6 2   西  东          ♦ J 4
♣ 10 8 6 4    南           ♣ 9 5 2
              ♠ —
              ♥ J 7 6 4 3
              ♦ A 7 5 3
              ♣ A K Q J
```

叫牌过程：

开室	西	北	东	南
	英国队	荷兰队	英国队	荷兰队
			2♦	×
	3♠	4♥	—	4♠
	—	5♦	—	6♥
	=			

闭室	西	北	东	南
	荷兰队	英国队	荷兰队	英国队
			—	1♥
	—	3♥	—	3♠
	—	4♥	=	

回顾

这是公开组英国队与荷兰队比赛中的第6副牌。开室荷兰队叫到6♥定约，完成满贯定约，没有什么问题。但在闭室，荷兰人（东）并没有开叫2♠。很明显，北是应受责备的。在将牌已配合，南3♠表示了满贯试探的愿望，北应给予鼓励，在这里应叫出4♦。

理论点解析

（1）本例首先要明了的理论点在于开室东家的多义2♦开叫和西家3♠提前牺牲叫，导致南家作出4♠缺门性扣叫，在联手大牌点计算中，又把♠花色的10HCP排除在外，并且北家的5♦扣叫把♦K确定下来，同时剩余的♥大牌点因4♥自由叫北家至少应持有5HCP或以上，这就导致南家能够直接跳叫6♥。

闭室的东家没有提前暴露牌情，使南北方难以显示并探明大牌位置分布。但就本例而言，这个困难并非难以克服。1♥—3♥的叫牌在当时英国桥牌主流风格中属于进局4♥的邀请叫。对于这个邀请叫，叫出4♥为接受邀请；叫出3NT表明其他花色大牌均匀分布，要求同伴依据将牌支持情况，同意该3NT定约或修正叫4♥；3♠/4♦/4♣都属于形式性扣叫，表明牌力强于一般接受4♥成局的牌值,有满贯试探的愿望。本例的3♠叫牌明确了这种愿望,在这个基础上,同伴就应当在4♥成局水平下顺路展开扣叫,也就是弗林特所说的"在这里应叫出4♦",这也是同伴对搭档应尽的叫牌义务。

(2)对于弗林特的上述意见,笔者的思考是这种应尽的顺路叫应当有其相应的原则和条件,不能盲无目的地顺意扣叫。其基本原则是扣叫人应当保证其在扣叫前所有的叫牌都具备该叫品约定的牌力牌型,并且同伴启动扣叫的信息应有益于联手牌的组合。结合本例,南家的3♠扣叫可以弥补北家♠无大牌的不足,而之前南家的3♥应叫属于符合进局邀叫的牌力牌型,且4♦扣叫可以保证叫牌能在4♥成局线上调整。

(3)3♠扣叫,又分为单缺性扣叫和大牌性扣叫,两者都显示了对扣叫花色的第一二轮控制,前者显示有单张或缺门,后者显示有A或K,但是启动性扣叫并不能立即明确显示,还需要后续厘清。稍许变更本例北家的持张,若北家持有♠KJ×× ♥AQ×× ♦J×× ♣××这手牌,其牌力牌型完全符合3♥进局邀叫的条件,但如3♠扣叫是单缺性扣叫,联手牌在♠花色上的大牌组合价值削弱;如果是大牌性扣叫,联手牌在♠花色上的大牌组合价值增强。笔者试问北家需要越过4♥扣叫出4♠吗?这个4♠扣叫是无条件的吗?笔者认为,如果北家的3♥邀叫比标准条件差,应当不作顺路性扣叫;直接叫进4♥;如果符合标准条件或更强一些,作出有第一、二轮控制的花色扣叫;若在同伴启动扣叫花色中也有A或K或更好的牌张组合,可以叫出成局定约下的无将叫品，结合本例就是对3♠启动性扣叫改叫3NT，表达在扣叫花色♠中有A或K或更好的牌张组合，同伴依据3NT表达的信息来决定进局止叫或继续探索满贯。这种性质的3NT叫牌，也可算是特别性质的约定叫，也应属一种严肃性3NT（Serious 3NT）。

牌例 44

来源

总第23期（1990.3，P4）

第14副　东发牌　双方无局

```
                  ♠ 8
                  ♥ K J 8 7 6 4 2
                  ♦ K 9 6
                  ♣ A Q
♠ A Q 10 7 6                        ♠ 9 5 4 3 2
♥ Q             北                   ♥ A 10 9
♦ A Q 10      西   东                ♦ 8 3
♣ J 10 8 7      南                   ♣ 6 4 2
                  ♠ K J
                  ♥ 5 3
                  ♦ J 7 5 4 2
                  ♣ K 9 5 3
```

叫牌过程：

开室	西	北	东	南
	云南队	上海队	云南队	上海队
			—	—
	1♠	2♥	2♠	—
	3♠	—	4♠	=

闭室	西 上海队	北 云南队	东 上海队	南 云南队
			—	—
	1♠	2♥	2♠	—
	3♣	—	3♠	=

回顾

牌例44—50，均出自1990年5月18日—19日，在北京龙山宾馆举行的《菊花俱乐部杯》全国桥牌四人队式甲组决赛。公开组由上海联合毛纺队与云南队决战，女子组由煤炭体协队与广州珠江实业总公司队决战。

闭室，东西家上海队采用3♣长套邀叫，停在3♠上是正常的。

开室，西作凶险的4♠定约。北首攻♥4，暗手♥Q取；兑现♠A……定约下一。

对此，撰稿人除了认为该4♠定约是"凶险的"之外，还对西的做庄方案作出评论："西决定打北单张黑心K显得过早了些。为什么不先看一下草花大牌的分布呢？如果♥Q取进，送♣10给北的♣Q（即便是北先兑现♣A，再让南用♣K超吃后，让北将吃一次草花，北仍被投入），以下北只有再拿掉♣A，然后就只有帮忙出♥进明手。此时西便不难算出北已有♥KJ、♣AQ及多半的♦K共13点牌了，决定飞将牌是不困难的。以下，只再输一墩草花给南，明手的方块输张可以垫在第4张草花上。"

理论点解析

（1）显然，撰稿人所说的"西作凶险的4♠定约"是专指做庄打牌而言，不是对叫牌准确的定位。一则叫进4♠的是东家而非西家，二则"凶险"二字应是基于四家牌张的实际情况所作的评价，所以不属针对叫牌的合理与否而论。以笔者的观点，既然撰稿人认为"停在3♠上是正常的"，那么对东家接受邀请叫进4♠定约的评词，还是给以"冒险的4♠定约"更为贴切。就防守而论，倘若北家首攻♣A继而♣Q，第3张牌为♥K，由于东西方联手牌的联通不畅将增加完成定约的难度。撰稿人的评论实际是建立在北家首攻♥4让暗手♥Q轻取一墩的基础上，然后以先送♣必失张的战术进行大牌分布探测，通过认真读牌来决定是否需要实施将牌飞牌，所以才认为"决定打北单张♠K"显得为时过早。也就是说，撰稿人将其评论定位在抓住有利机会这一做庄课题上，而非叫牌的理论问题。

（2）本例反映的叫牌理论点之一是2♠这个二盖二叫牌。如前面牌例介绍，二盖二支持叫所约定的牌力范围应当略低于无干扰情况下的简单加叫，因为此时的叫牌已进入抗干扰叫牌阶段。本例的这个2♠叫牌的牌力，大略在6-9HCP，东家的♣牌张似由♣2换为♣Q更合适。

（3）以本例东家所持牌张仅一个裸A加上5张小♠支持，不知东家有没有注意到双方无局情况，按总墩数定律可以实施3♠跳叫弱支持？还有没有注意到双方是否事先约定过可以实施第三家1阶高花轻开叫？如有约定，3♠弱支持叫将显示提前牺牲的信息。这是理论解析的第二个节点。

（4）开室西家以3♠作出进局邀叫，闭室西家以3♣作出进局邀叫，两者有何异同？笔者认为，3♠邀叫是一种单纯实力性邀叫，就是要求同伴在支持叫的牌力范围中具备高限大牌点就应接受邀请，叫进成局定约；而3♣邀叫是一个长套牌型性邀叫，除了相应的大牌点外，还要求在邀叫花色（本例是♣）中联手牌张能形成相应有效结构，设想一下，对于前者，如果东家的♦3换成♦K；对于后者，如果东家的♥A换成♣KQ，东家都可以合理地接受邀请。另外，对于3♣长套邀叫，如果东家的♣64换成♦64，♣只有单张，东家在5-5将牌配合下，都可以联手牌型组合构成非镜面对称为理由，接受邀请叫进4♠定约。关于镜面对称和非镜面对称理论，请参见前述牌例介绍内容。

（5）回到做牌打牌问题，笔者请读者注意回顾中的这句话："北首攻♥4，暗手♥Q取"。也就是西家一开始就认定：北家是从持K的♥长套中首攻♥4的。否则，南家用♥K得墩后，就可能立即转♣，同时还带来无桥引进入明手实施将牌飞张打法。也就是西家已经先验地认定不实施将牌飞张打法。

既然如此，首轮以♥A得墩，先有利假设，实施♦偷飞，成功后，再实施将牌A击落北家单张♠K的做庄路线，也不矛盾。为什么要先尝试50%概率的♥飞牌？实令笔者费解。

令人啼笑皆非的是现在西家♥Q得墩后，反而没有进张先通过♦飞张打法去探测♠K的位置。唯一成功的打法是立即出将牌♠A击落防守方的单张♠K，以后靠第三轮♠，以明手♠9下桥，再实施♦Q飞牌。

遗憾的是撰稿人对这些不置一词。这也是笔者一直强调读者牌手要深思阅读的宗旨。

牌 例 45

来源

总第23期（1990.3，P5）
第1副　北发牌　双方无局

```
              ♠ 10 5 3
              ♥ 9 7 3
              ♦ 10 9 6 5
              ♣ 10 3 2

♠ A 4 2                    ♠ K J 7
♥ 10 8 6 5 2     北        ♥ A K Q 4
♦ K 3         西    东      ♦ Q J 8 7 2
♣ Q J 7          南         ♣ A

              ♠ Q 9 8 6
              ♥ J
              ♦ A 4
              ♣ K 9 8 6 5 4
```

叫牌过程：

开室	西	北	东	南
	云南队	上海队	云南队	上海队
		—	1♦	2♣
	2♥	—	4♥	=

闭室	西 上海队	北 云南队	东 上海队	南 云南队
		—	1♦	—
	1♥	—	4♣	—
	5♥	—	6♥	=

回顾

撰稿人评论道：这个6♥定约只有在方块遭将吃或南持4张♥时才完不成，即便♥是1-3分、方块作不通，尚有选择飞牌的余地，成功机会超过80%，所以是应该叫的。开室云南队东的4♥叫得太草率了，应当叫3♣，以下西叫3NT，东再叫4♥显示极配下的满贯兴趣，同时也说明了那3♣是早期扣叫，西只要用5♥作简单邀叫就可以叫上去。

理论点解析

（1）撰稿人对东西家联手牌的牌值评估没有错，说6♥定约有80%的成功机会大体准确。上升到理论高度，可用云南队牌手没有满贯意识、上海队牌手具有满贯意识予以总结。作为满贯意识这个理论课题，结合后续的牌例将深入探讨，本例不作赘述。

（2）开闭两室叫牌过程的显著差异在于，开室南家争叫出2♣，而闭室南家未参与争叫。解析开室东西家云南队牌手的思路，针对南的2♣争叫，西选择了2♥二盖二抗干扰叫，可惜，这个标准的有限叫稍稍降低了牌力的上限，让开叫人东家没有充分估测联手牌的真正价值，匆忙的4♥封局止叫也一步到位地关闭了西家探索满贯的意识。闭室西家1♥应叫的牌力范围非常宽泛，持强牌的开叫人也就有了充分展示自己牌力和牌型的空间和期望，探索满贯的意识得以自由伸展。

（3）针对对方二盖一争叫，笔者希望读者首先要了解竞叫理论中叫品设计的顺序优先原则。一般而言，设计时将具有显著牌型特征的牌优先配置抗干扰叫品，例如，二盖二高花抗干扰叫、2NT邀叫（平均牌型，争叫花色有挡张，邀叫进局牌力）或莱本索尔约定叫（持弱的至少6张或以上的低花长套）、三盖二低花建设叫（持邀叫牌力，至少5张半坚挺低花长套）、3阶争叫花色扣叫及高花邀叫性跳叫等，而否定性加倍往往是设计顺序中最后的一个收纳箱叫品，其目的是留出叫牌空间，让开叫人继续反映其持牌信息以供参考，保持宽泛和弹性的叫牌过程。结合本例，开室西家要考虑自己的弱5强3花色在有将定约中的局面控制与失墩缺陷和在无将定约中的阻塞可能，要给持开叫低限牌力的同伴留出2♦等待叫的空间，还要想到自己持♥花色长度挡张和♣上的明确挡张可以作2NT后续叫等。综合以上考量，笔者认为对2♣争叫作否定性加倍更为妥当。实际上，当开室东家叫出♥花色后，大概6♥定约已在囊中。

（4）对于闭室东家的4♣叫，笔者认为这个叫品将东家持有♣单张小牌和单张大牌混淆了，会引发同伴误解，因为4♣的双跳叫究竟表达开叫人持多少大牌点似不明确，这需要视双方的实际约定而论。结合本例，倘若闭室东家持♠KQJ ♥AKQJ ♦QJ共19HCP，符合5♥满贯邀请的条件而补叫进6♥定约，防守方兑现两个低花A则满贯定约即刻宕了。东家可以3♣扣叫压低叫牌空间（跳叫2♠也有异曲同工之妙），如西家叫3NT还可以继续叫4♣表达♥的配合和探索满贯的意愿。东家在双跳叫4♣之前完全没考虑到♦花色的控制问题需要解决，即使西家持有♦A可由4♦扣叫表达，西家在做6♥定约时，首先也会面临♠首攻的考验（如西的1♥应叫可以仅持有♦A和♣QJ大牌）。凡此种种都是普通牌手疏于考虑的地方。本例说明在全国赛事决赛中的高手也会有疏漏之处，这就更需要让读者在读牌例中学到理论增长牌技。为读者计，这也是笔者在本书评析时不得不下笔入木，敬请读者宽容谅解。

牌例 46、47

来源

总第23期（1990.3，P9）
第10副　东发牌　双方有局

```
              ♠ J 9
              ♥ 8 5
              ♦ 9 8 2
              ♣ A Q 10 6 5 3
♠ A Q 8 7              ♠ K 6 5 3
♥ A 10 6 3    北       ♥ K Q 4 2
♦ A K 6 3   西 东      ♦ J 10 4
♣ 4           南       ♣ K 9
              ♠ 10 4 2
              ♥ J 9 7
              ♦ Q 7 5
              ♣ J 8 7 2
```

开室	西	北	东	南
	广州张亚兰	煤矿王礼萍	广州古玲	煤矿陆琴
			1♦	—
	1♥	—	2♥	—
	2♠	—	3♥	—
	4♥	=		

闭室	西	北	东	南
	煤矿施少敏	广州陈洁芳	煤矿王萍	广州汪敏
			1♦	—
	1♥	—	2♥	—
	5♥	—	6♥	=

第13副　北发牌　双方有局

```
            ♠ 7 3
            ♥ J 8 5
            ♦ Q J 9 8 5 4
            ♣ 8 6
♠ Q J 10 8 2              ♠ A K 9 6
♥ Q 10 7 2                ♥ A 9
♦ 7 2                     ♦ 3
♣ A 9                     ♣ K J 7 5 4 3
            ♠ 5 4
            ♥ K 6 4 3
            ♦ A K 10 6
            ♣ Q 10 2
```

开室	西	北	东	南
	广州张亚兰	煤矿王礼萍	广州古玲	煤矿陆琴
		—	2♣	—
	2♦	×	2♠	—
	4♠	—	4NT	—
	5♦	—	6♠	=

读牌例　长牌技

闭室	西	北	东	南
	煤矿施少敏	广州陈洁芳	煤矿王萍	广州汪敏
	—		1♣	—
	1♠	—	3♠	—
	4♠	=		

回顾

这两副牌也出自前面牌例所述的"菊花俱乐部杯"全国桥牌四人队式甲组赛，是女子组煤矿体协队与广州珠江实业总公司队之间的冠亚军决赛。这两副牌例由撰稿人引出了满贯意识理论课题，笔者尝试细论之。

对牌例46，撰稿人文称："虽然这个6♥定约要求♥2~3分或南持4张、♠2~3分及◆上的一飞，或♠1~4分、♣A在北手，成功机会不足50%，不一定非上不可"。"闭室西家施少敏的满贯意识较强，只以粗线条的5♥简单邀叫，就冲上了6♥，运气不错"。

对牌例47，撰稿人文称："开室古玲意识到这副牌可能有满贯，只要西的A不是生在方块上就有希望树立草花做成6♠。另外，她也知道前面的两个满贯很可能会输分，所以这次机会不能再失。于是，便冲了上去。果然，只需草花2-3分配便可成约"，"闭室东的3♠把牌叫"死了"，为什么不以2♥作逼叫呢？以下，西多半会叫3♥，然后东再叫回3♠显示极配，以后西可扣叫4♣，6♠还是不难诱导出来的"。

理论点解析

（1）什么是意识，意识就是人们对事物本身和外部关系及其运动规律的认知。认知的低级阶段是感性意识,认知的高级阶段是理性认识。满贯意识就是对满贯叫牌理论的理性认知结构。这种认知结构一旦被牌手掌握,就像学会游泳、骑车一样,一辈子也不会忘记或丧失。闭室西家施少敏牌手在前一例中叫进满贯,后一例中未叫进满贯,从上面的解读中,撰稿人称"西家施少敏的满贯意识较强",笔者不能苟同。撇开较强或较弱的修饰词语,对具有满贯意识的定位也不准确。笔者认为所谓的"满贯意识",还是称为"满贯冲动"较为贴切。

所谓具备对满贯叫牌理论的理性认知结构,应当包括:在局部叫牌过程中已经把控联手牌满贯定约的可计算性、对探测满贯定约后续叫牌的全局性考量、对牌张位置和危险度等的细节性考量,甚至已能基本确定相应的满贯定约做庄方案。不仅如此,牌手还应具备安排、引导、告诫同伴进一步叫牌的能力。只有具备这些叫牌的综合能力,笔者才认为该牌手真正具有了满贯意识。舍此,所谓的满贯探索叫牌都只能称之为冲动性满贯叫牌。

(2)对于牌例46,撰稿人称5♥是粗线条的简单邀叫。东家的2♥简单加叫反映的牌值范围非常宽泛,缺乏可计算性,西家尚需仔细妥善安排同伴叫牌,也得尽量向开叫人刻画自己的牌力与牌型。如果西家在2♥后跳叫4♣显示4-4-4-1、♣单张的牌型和探索满贯的意愿,无论是东家使用4NT关键张问叫或西家再使用5♥满贯邀叫手段叫进满贯定约,笔者一定会认为西家具有满贯意识。继续深思,倘若东家持有♠K653 ♥KQ42 ♦J104 ♣A9,即仅仅将♣K换成♣A,则♦飞牌成功,东西还能做成大满贯,果真如此,是否还要称赞为大满贯意识较强?

（3）对于牌例47，开室东西家使用精确体制，西家持双高套，使用轻问叫型2♦约定叫。听到东家2♠叫品，基于北家对2♦作加倍的信息暴露，西因♦短套，决然叫进4♠定约。东家在持♦单张、2♣开叫高限牌力、♣6张套、♥失张在第一轮控制保护的基础上，了解到西家还持有♣A的信息，经过小满贯做庄方案的预估，遂跳进6♠定约。

闭室东西家采用5张高花真实叫体制，开叫人对1♠应叫实施3♠跳加叫，明确表达了至少16HCP的牌力，由于东家没有开叫1NT，不难推得东还持有5张以上♣套。如果施少敏真是具备笔者所述的满贯意识，顺路叫4♣，给予东家黑花色双套配合的信息，相信东家的王萍也不会漏贯。

综合以上解析，笔者的意图是希望读者树立正确准确的满贯意识，具备一叶落而知天下秋的大局观，取得实战中从不漏贯的上乘佳绩。

牌例 48、49

来源

总第23期（1990.3，P15）
第10副　东发牌　双方有局

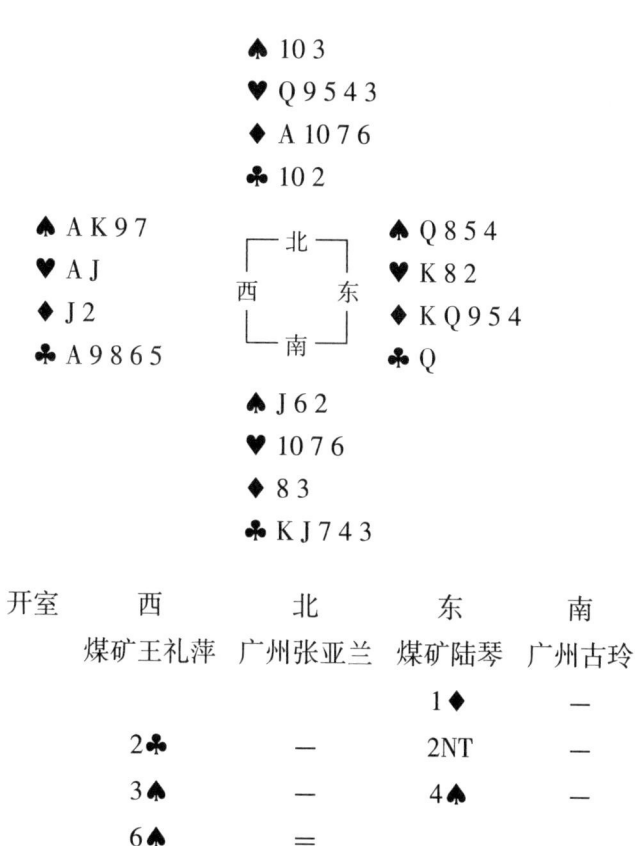

```
              ♠ 10 3
              ♥ Q 9 5 4 3
              ♦ A 10 7 6
              ♣ 10 2

♠ A K 9 7        北           ♠ Q 8 5 4
♥ A J                         ♥ K 8 2
♦ J 2       西      东        ♦ K Q 9 5 4
♣ A 9 8 6 5      南           ♣ Q

              ♠ J 6 2
              ♥ 10 7 6
              ♦ 8 3
              ♣ K J 7 4 3
```

开室	西	北	东	南
	煤矿王礼萍	广州张亚兰	煤矿陆琴	广州古玲
			1♦	—
	2♣	—	2NT	—
	3♠	—	4♠	—
	6♠	=		

闭室	西 广州汪敏	北 煤矿施少敏	东 广州陈洁芳	南 煤矿王萍
			1♦	—
	1♠	—	2♠	—
	3♣	—	3♠	—
	4♥	—	4♠	=

回顾

这是双方决战的第四节第10副牌。撰稿人表扬开室煤矿队6♣叫得很干脆。对于闭室，撰稿人称：闭室西先应叫1♠，大概是打惯了"卡纳贝"倒叫，打精确制，西减掉♥AJ和♣A都可以叫1♠。照顾高花是指很有限的弱牌，利用仅有的一或两次叫牌机会尽快优先找高花配合。继之，又评论：西持17点大牌还是应该先以二盖一2♣应叫，之后逆叫黑桃是逼叫，可以两次显示逼叫进局的牌力，当然，其为试满贯做过努力。但那3♣是模糊的，虽说4♥肯定是扣叫，但你让东怎么能有满贯兴趣呢？

理论点解析

（1）开室的叫牌过程被撰稿人赞为"很干脆"，从满贯叫牌认知结构细致分析难道没有瑕疵吗？5张高花真实叫体制的2♣应叫逼叫一轮，解除了开叫人逆叫的义务，再叫2阶高花应属于示挡张优先于出套，即再叫2♠/2♥不一定保证4张套。再叫对高低限和牌型的表达均有约束条件，持低限牌力贸然再叫2NT欠考虑，东西方明显♣不配合。叫出2♦，既显示♦的长度，又表明了12-13HCP的牌力，比较合理。现在东家再叫2NT，若西家未持目前的17HCP，♠A换成♠2，面对2NT邀叫只能叫进3NT定约，但会错失4-4配合的♠定约。东家再叫2♦后，西家若持13HCP，仍可叫出2♠逆应叫，此时东若持4张♥、3张♠，叫牌可调整为3NT。

实际的叫牌进程，东家虽然再叫了2NT，西家理应叫3♠，双方找到将牌配合。东家不得不在4♠线上显示将牌配合，这样又漏失了显示♦大牌的机会，那么直叫6♠就显得鲁莽。设想一下，如果东家持♠Q854 ♥KQ8 ♦K9654 ♣Q，也符合叫进4♠的牌值，可是西家冲上6♠定约，面对♦首攻，庄家直接面临考验。

笔者认为，开室东西家的满贯叫，也只可算满贯冲动叫，并无相应的章法。

（2）再看闭室的叫牌，东西家采用精确体制，对西家先应叫1♠，撰稿人评论的前一段话语焉不详，笔者给予下面解析。

由于精确体制实质是一个半有限叫体制，故叫牌思路常常会与真实的无限叫体制混同。1♦开叫后的应叫思路是先将应叫牌力拆分为8~10HCP、11~12HCP、13HCP以上三段。对于8~10HCP那段实行高花优先叫原则，即1♦开叫后，应叫人有4张高花必须先叫。以后如开叫人再叫1NT，应叫人可再应叫2♣；如果开叫人再叫2♦，应叫人就Pass示弱，这也是某些精确体制流派坚持再叫2♦表示6张♦的理由。但是高花优先原则并非"卡那贝"倒叫习惯，这是撰稿人不明意大利人为叫体制中的"卡那贝"先短后长原则，而且无论是魏重庆、Goren、Reese出版的精确体制专著也未说过精确1♦开叫过程移植了"卡那贝"叫牌方式。

对于11~12HCP平均牌型或非平均牌型，无4张高花则分别制定了不逼叫1NT和2♦低花反加叫应叫，其后的叫牌均按有限叫原则处理。

对于13HCP以上的牌，仍然回到传统的真实叫体制的无限叫原则上，因此，逆应叫原则没有扬弃。闭室西家面对1♦开叫，叫牌前景下限3NT上限满贯是胸中应有的丘壑，光有成竹还不行。西最没有考量的是开室对手方使用真实无限叫体制，采用逆应叫原则，双方应按同步原则处理叫牌。笔者不认为汪敏真有主动制造大输赢而采用异步叫牌原则的深邃洞察力和战略思想。因此，撰稿人认为还是应该先以二盖一2♣应叫的见解是中肯的。

然而，叫牌进程续以3♣起步，撰稿人认为"是模糊的"，但又未指出相应叫牌，可见他的见解也有些模糊。老话有负负得正，民言有草鞋没样边打边像，逻辑有模糊逻辑一门理论。笔者认为：闭室东家应当正视西家的3♣模糊叫牌实乃盘马弯弓故不发之势，当应改叫3♦显示有长套可做之牌型，积极向同伴提交牌型信息，那么后续的进展也会慢慢叫准6♠定约。奈何，东家三叫♠，属于既失灵气也无生机了。

第13副　北发牌　双方有局

```
              ♠ 8 2
              ♥ K 4
              ♦ K Q 5 4
              ♣ 10 7 6 3 2

♠ A Q 10          北          ♠ 9 3 2
♥ Q 9 7 5     西      东      ♥ A J 8 3 2
♦ 8 3             南          ♦ A 10 6 3
♣ K Q 9 5                     ♣ A

              ♠ K J 7 6 4
              ♥ 10 6
              ♦ J 9 7
              ♣ J 8 4
```

开室	西	北	东	南
	煤矿王礼萍	广州张亚兰	煤矿陆琴	广州古玲
	—	1♥	—
	3NT	—	4♣	—
	4♥	=		

闭室	西	北	东	南
	广州汪敏	煤矿施少敏	广州陈洁芳	煤矿王萍
	—	1♥	—
	4♥	=		

回顾

撰稿人写道："很不赞成开室西家的3NT叫品。虽然可以约定为将牌配合、14~15点均型牌，但什么样的实力特点呢？当然，如果是黑桃很差，或单缺，边牌又无A，具有阻击意义，倒还可以。还有局况限制问题，总之，适用率低，且不符合好牌细叫的原则。无限地自我剥夺叫牌空间，时常会把开叫方"憋死"。如果我持西家的牌会叫2♣，以下东叫2♦，我再叫2♠，以后加叫红心显示极配及黑桃为早期扣叫、草花有实力，剩下的就请同伴去决定了。东如果有♥10，6♥便接近50%的成功机会，在关键时刻知道可能有这种机会是相当重要的，无论是对落后方的拼搏还是对领先方的力求"同步"来说都属于功力问题。我不是主张这副牌非上6♥不可，而是强调一流选手应该真有这种科学的仔细探查本领"。撰稿人对闭室西家的批评是："4♥叫得就更差了！难道还怕或是诱惑南北牺牲叫4♠或5♦吗？！"

"这一副牌，双方4♥定约均上二"。

理论点解析

（1）笔者首先不同意这种大摔碑式的评论。对于任何实际的叫牌过程，评判的标准都应是动态的分析，而不是对于结果的臧否。首先要指出在双方有局、北未开叫、南未争叫、己方联手至少24HCP的情况下，南持♥长套，近开叫牌力的可能性较小，因此，允许从容叫牌。其次，要了解东西家是否采用伯根高花加叫约定叫和2NT高花强加叫约定叫？在主流真实无限叫体制中，3NT高花强加叫约定14~15HCP、平均牌型，这个13HCP加叫稍稍降低了条件，东西家有无事先约定其使用范围？再次，还要问一下逼叫性1NT的牌力范围是确定不变还是可以通过新花逼叫或扣叫逐级开放到至少进局？因为这种开放式的应叫可以让开叫方充分介绍自己的牌力牌型，让叫牌进程紧紧地掌握在应叫方。采用有限叫体制极为有效，例如，精确体制。同样，对于伯根加叫，也可通过越过3阶开叫花色打开应叫牌力限制，给叫牌拓展空间。

试问，如果开室东西家注意到这些理论细节，就不会出现突兀的3NT式叫牌。

（2）笔者同样也不认可持4张♣套就使用2♣准二盖一应叫是很好的叫品。撰稿人是按实际发生的联手牌给出自己的解答，相对叫牌过程恰恰不切实际。试想，如果开叫人还持♣长套，大牌集中在♥、♣上，他是否会放弃谋求3NT定约而把目标定位在5-4或5-5配合的♣上？由于进局牌力要求的提高，再叫很可能冒出4♣来，在♥、♦大牌及位置不明朗的情况下，会让西家茫然。

（3）对于闭室1♥—4♥的关局叫，笔者的结论与撰稿人虽然相同，但不会仅仅一个"更差"就不了了之。笔者会说这种高花一次性关局叫，不适用于具有开叫牌力、对开叫高花有3张一大牌支持、平均牌型的应叫牌，因为联手牌力已具有不小于50%成约概率的进局叫牌目标。此时的叫牌应当循序渐进，平稳开展。

现代桥牌对1♠/1♥开叫直接应叫4♠/4♥，多为4张将牌支持、有一门花色单缺、牌力<10HCP，适用目标为

40%~49%成约概率。基于牌例发生在20世纪80年代，笔者就不苛求了。

（4）笔者增加牌例48和49来对牌例46和47予以补充，就是想借满贯意识这个理论课题试图讲得更充分更全面。读者牌友请记住，满贯意识是在超墩成局叫的过程中通过认真细致探索培养出来的，并不高深难学。只要打好扎实的读牌基础，学得摘星手，自能偷得蟠桃来。

牌 例 50

来源

总第24期（1990.4，P36）
第99副　南发牌　东西有局

```
            ♠ 8 6
            ♥ J 8 6 4
            ♦ 10 9
            ♣ A 8 5 4 3
♠ 9 4 3                    ♠ A K Q 5
♥ K 10 3 2    北           ♥ A Q 7
♦ A J 7 5   西  东          ♦ K Q 8 5
♣ J 2         南           ♣ K Q
            ♠ J 10 7 2
            ♥ 9 5
            ♦ 6 4 3
            ♣ 10 9 7 6
```

叫牌过程：

开室	西	北	东	南
	美Ross	巴西Chagas	美Pender	巴西M.Branco
				—
	—	—	2♣	—
	2♦	—	6NT	=

闭室	西	北	东	南
	巴西Mello	美Martel	巴西P. Branco	美Stansby
				—
	—	—	2♣	—
	2♦	—	3NT	—
	4NT	—	5♦	—
	6♦	=		

回顾

1989年9月在澳大利亚珀斯举行百慕大杯赛，由巴西和美国两队进入决赛，经过160副牌的角逐，巴西队以442:388IMPs胜美国队获得本届杯赛桂冠。

本例，开室美国队冲叫6NT，只能拿到十一墩；闭室叫进6♦，没有宕牌。

理论点解析

讨论完满贯意识课题后，牌例已写到49例，杂志已到1990年第4期，重读一期未找到合适牌例，为了完成50个牌例，时间截止到1990年，不得不再仔细检阅，找到这副只报道输赢未作评论的牌例。好在百慕大杯赛的牌例也算经典，又是一副满贯牌，恰好再对满贯意识做个补充。

经仔细核对决赛公报，发现稿件大大有误，先刊出开室的正确叫牌过程：

开室	西	北	东	南
	美Ross	巴西Chagas	美Pender	巴西M.Branco
				—
	—	—	2♣	—
	2♦*	—	2♥*	—
	2NT*	—	6NT	=

开室Ross的2♦应叫具有三重含义：a.无A的消极叫（Negative）；b.♥套的积极叫（转移叫）；c.离散性积极叫（Scattered Positive）。Pender的2♥是接受♥的自然叫或者下一步描述21~22HCP或25~26HCP平均牌型。Ross的2NT表述是离散的积极性应叫牌值。由于失去2NT叫牌平台，Pender无法将3NT表述为25~26HCP，又没有精细的寻套手段，遂猛冲6NT，希望同伴通过做庄技法完成定约。

北家首攻♦10，庄家用♦K得墩。先送出必失张，调整输墩安排获得潜在的紧逼机会，但是北家忍让不用♣A得墩，庄家找不到紧逼性投入方案，定约失败宕一。

闭室东的2♣第一重含义是♦弱阻叫，西的2♦定义为中立叫，即开叫人可以Pass。现在开叫人可以转叫2NT显示22~24HCP平均牌型；转叫3NT表示25~27HCP平均牌型。知道开叫人持有25HCP，西用4NT释放自己的进贯牌力，东自低向高叫出4张套，5♦是第一个4张套，找到4-4配合，西叫进了6♦定约。

北家首攻♣A，续出♣，庄家清完将牌，声称定约做成。

本例对满贯意识的补充要点是光知道满贯叫牌理论的认知结构是不完整的，我们不能知而不行，而要知而后行或者知行合一。普通牌手往往熟悉寻求4-4高花配合的约定叫，而不去深究寻求4-4低花配合的约定叫。对于在低阶叫牌阶段已经明确双方大牌点达到或超过32HCP，且未见一方主动出套，那么，由低往高叫出4张套也是自然地逻辑寻求4-4配合的手段。对此，为什么没有事先约定呢？这大概也要归入没有满贯意识。